Calvinism Hermeneutics

성경해석학

윤 성 태 박사 著

김 인 환 박사 推薦

יְהוָה רֹעִי לֹא אֶחְסָר בִּנְאוֹת דֶּשֶׁא
יַרְבִּיצֵנִי עַל־מֵי מְנֻחוֹת יְנַהֲלֵנִי

〈Psalms 23:1-2〉

쿰란출판사

❙ 추천사 ❙

성경은 모든 시대에 모든 사람들을 위해 주신 하나님의 말씀을 기록한 책이다. 이 책은 하나님을 계시하는 책으로서 하나님의 영감으로 기록된 것이므로 오류가 없다. 그리고 이 책은 하나님의 언약의 백성들에게 주신 언약의 말씀이므로 하나님과 언약의 관계를 맺은 모든 백성들의 신앙과 생활의 유일무이한 최고의 권위를 가진 정경(正經)이다. 그러므로 하나님의 언약의 백성들은 이 성경을 항상 읽으면서 자신에게 주시는 언약의 주 하나님의 메시지를 깨닫고 그 메시지를 자신의 가치관과 세계관의 내용으로 삼고 그것을 정립하며, 그 말씀에 따라 자신의 생각, 지식, 말 그리고 행동을 고쳐 성경의 내용과 일치하는 것으로 만들어 가며, 그 말씀이 지시하는 바에 따라 삶의 목적과 목표를 정하고 그것을 실천하는 윤리적 삶을 살아가야 하는 것이다.

그러므로 하나님의 언약의 백성들의 참된 행복과 불행은 그들이 얼마나 그 말씀을 읽으며 그것을 올바르게 깨닫고 그 말씀에 일치하는 삶을 사느냐에 달려 있다. 그래서 언약의 백성들은 하나님의 말씀을 기록한 이 성경을 날마다 읽으며 그 말씀을 올바르게 이해하고 그 말씀대로 인생을 살아야 한다.

그런데 문제는 어떻게 이 말씀을 옳게 이해할 수 있는가이다. 하나님은 이 성경을 기록하실 때 학자들만 읽고 이해하도록 기록하셨거나 특별한 암호로 기록하신 것이 아니라 누구나 쉽게 읽고 이해하도록 기록하셨다. 그래서 성경은 단순하고 명료하다.

그럼에도 우리는 이 성경을 읽을 때 그것을 올바르게 이해하기 위해 많은 도움을 요청하지 않을 수 없다. 많은 이유가 있겠지만, 무엇보다 근본적인 이유는 성경은 우리가 사용하지 않는 언어와 표현 방식, 우리가 살아오지 않았던 시대의 사람들과 그 문화를 매개체로 해서 하나님을 계시하면서 신비로운 하나님의 말씀을 기록하였기 때문이다. 거기에다 하나님은 이렇게 기록한 성경 말씀을 통하여 오늘날 우리 시대와 우리 각자에게 필요한 하나님의 메시지를 선포하신다. 그래서 그동안 이 성경을 올바르게 이해할 수 있는 방법을 찾기 위해 오랜 세월 동안 수없이 많은 사람들이 수많은 방법을 제시하였으나 오히려 이러한 것들이 우리들이 성경을 더욱 이해하기 어려운 책으로 느끼게 만들어 버렸고, 그 결과 하나님의 언약의 백성들은 그들의 언약의 주 하나님을 배역하며 하나님을 진노케 하는 역사와 문화를 창출하여 오늘에 이르고 있는 것이다.

이 즈음에 30년 이상이나 신학 강단에서 성경 원전과 해석학 분야를 강의해 왔으며 또한 그것을 실제 목회에 적용한 풍부한 경험을 가진 저자가, 그동안 쌓은 지식과 경험을 토대로 성경의 원문을 해석하고 그것을 우리들의 삶 속에 적용할 수 있는 실용적인 방법을 이 책을 통하여 제시하고 있다는 것은 매우 칭찬할 만한 일이 아닐 수 없다. 그동안 성경을 쉽게 이해하도록 해 준다는 성경해석학자들의 노력이 오히려 성경해석학 자체가 너무 어렵고 난해하여서 그 해석학의 해석을 필요로 하는 책들을 요청하도록 만들어 버렸다. 그러나 저자는 이 책 속에서 간결하고도 쉬운 문체로, 실용적인 성경 해석의 방법을 제시하고 있으므로 성경 해석에 대한 심오한 철학과 신학적 훈련이나 또는 언어학적 훈련을 받지 않은 사람들도 쉽게 성경 해석을 할 수 있도록 안내하고 있다.

본서는 성경을 사랑하고 성경을 올바르게 이해하기를 추구하면서 쉽고 간결한 실용적인 지침서를 필요로 하는 목회자, 신학도, 그리고 평신도 모두에게 유용하게 사용될 것임을 확신하기에 추천한다. 아무쪼록 이 책을 집필하기에 수고한 저자와 이 책을 사용하는 성경을 사랑하는 독자 모두에게 하나님의 축복이 넘치시기를 기원한다.

2007년 11월

총신대학교 총장

김 인 환(Ph. D)

▌서 문▌

1976년 가을 신학교 졸업을 얼마 앞두고 대전신학교로부터 성경 원전 강의를 요청받아 신학 강단에 선 지 어언 30년의 세월이 흘렀습니다.

그동안 원문석의(Exegesis)와 성경해석학(Hermeneutics)을 강의해 오면서 얻은 결론은, 해석학이나 석의과제에 관한 더 이상의 어떤 집필이 필요가 없을 만큼 거의 완벽한 자료들이 있다는 것입니다.

그러나 성경에서 좀 애매한 구절이나 문맥을 다루는 면에 있어서는 자유주의적 해석방법들이 조금씩 유입(流入)되고 있었으며 석의를 통한 적용 면에 있어서는 다소 보충할 필요성을 찾게 되었습니다.

어려운 원문을 연구하느라 수많은 시간과 정력을 투자했지만 실제적인 응용과 석의(釋義)의 빈곤으로 말미암아 일선 목회에서는 별로 사용하지도 못하고 학교에서 배운 이론만으로 만족해야 하는 아이러니는 참으로 안타까운 현실이 아닐 수 없습니다.

성경이 어려운 언어들로 기록되었다는 것은 주지의 사실이지만 특히 히브리인들은 주변 여러 국가들로부터 포로생활을 많이 하였으므로 타 민족의 종교적, 문화적 영향을 받았을 뿐 아니라 다른 어떤 국민보다 민족성이 강한 백성이지만 오랜 세월이 흐르는 동안 그들의 언어에까지 직, 간접적인 영향이 있었다고 하는 것입니다.

필자는 신학교에 입학하면서부터 성경 원전 연구에 비장한 각오를 갖고 많은 시간을 투자했었으며, 구약학의 대가이신 최의원 박사님의 조교로 지내면서 《*Grammar of Hebrew*》 외 몇 권의 책들을 저술하실 때는 사명감을 갖고 정성껏 도와드렸으며 'Advanced Greek' 과목은 만점을 받기도 했습니다. 그러나 아직도 원전 성경, 특히 구약을 앞에 놓으면 솔직한 심정으로 자신이 없습니다.

이러한 심각한 문제에 대한 어떠한 해법이 없을까 하는 것이 큰 부담이요 과제로 남게 되었으며, 성경을 사랑하고 바르게 해석해 보려고 몸부림을 치며 준비하는 모든 분들을 위하여 칼빈주의적 해석방법에 근거한 단순(simple)하면서도 이해하기에 별로 어렵지 않은 것부터 다듬고 정리하여 보았습니다.

바울이 디모데에게 "네가 진리의 말씀을 옳게 분변하며 부끄러울 것이 없는 일꾼으로 인정된 자로 자신을 하나님 앞에 드리기를 힘쓰라"고 권면하였는데 여기서 '힘쓰라'고 하는 말은 헬라어 '스푸다손'(*σπούδασον*)으로서, 'Do your best' 즉 네가 할 수 있는 최선을 다하라고 하는 강한 명령의 권면입니다.

영구불변하신 하나님의 영감된 말씀을 우리의 지혜로는 온전히 이해하고 해석할 수 없지만 우리의 최선(best)을 다할 때 성령께서 역사하시고 도우신다는 확신을 얻게 된 것입니다.

성경해석학 분야에 있어서는 주로 석의 분야에 비중을 두고 우리의 가장 취약점으로 사료되는 적용(適用) 면을 최대한 살리는 데 주안점을 두었고, 우선 성경 원전 연구에 취미와 관심을 가질 수 있도록 하기 위하여 성경에서 애매한 문장들은 가급적 잠재하면서 쉽고 간결한 것부터 접촉(touch)하여 스스로 자습하며 연구할 수 있도록 하였고, 시편 석의는 'Septuagint and New International Version'을 비교해 볼 수 있도록 배려하여 원문의 뜻을 이해하는 데 도움이 되도록 하였습니다.

매사에 미흡(未洽)한 종이 저서를 출간한다는 것은 상상도 할 수 없었으나 몇 분 동료들의 천거(薦擧)와 제자들의 간곡한 요청이 많은 격려와 용기가 되었습니다.

21세기를 맞이하여 사단의 무리들이 특별히 자유주의자들을 이용하여 성경의 영감사상에 대한 강한 도전과 진리를 비진리화하는 데 혈안이 되어 있는 이때, 우리는 성경의 바른 해석관을 가지고 이성주의에 근거한 자유주의(Liberalism)와 실용주의(Pragmatism)의 위험한 사상들을 칼빈주의적 해석 방법으로 가르치고 교화(教化)해야 하겠습니다.

본 저서가 먼저 하나님께 영광이 되고, 영감된 하나님의 말씀을 바로 깨달아 실제 사역에 적용하기 위하여 최선을 다하고자 하는 모든 분들 위에 성삼위 하나님의 크신 은총이 함께하시기를 기원합니다.

그동안 부족한 종을 사랑과 관용(寬容)으로 지도(指導)해 주신 장영춘 박사님과 미흡(未洽)한 글을 너그러이 추천(推薦)해 주신 총신대학교 김인환 박사님, 조언(助言)과 기도(祈禱)로 후원해 주신 할렐루야 백화점 최진옥 장로님 그리고 원고를 정성껏 교정해 주신 조영자, 김경옥 전도사님께 심심(深心)한 감사를 드리오며, 기도와 재정으로 후원해 준 나의 사랑 Brian & Grace, John, Seon, 특별히 눈물의 기도로 내조(內助)해 온 사랑하는 아내에게 깊이 감사하는 바이다.

주후 2007년 12월
구주 성탄 전야에
윤 성 태 목사 拜

CONTENTS

CONTENTS

1 칼빈주의(Calvinism) 정의

칼빈주의를 말할 때 대개는 칼빈(John Calvin)의 신학사상과 이념을 답습하고 따라가는 것이라고 쉽게 이해하는 경향이 있는데 이것은 칼빈주의를 피상적으로만 아는 것이라 하겠다.

웨스트민스터 신학교의 간하배 교수는 성경관을 정의하여 말하기를 "성경무오설에 관하여는 우선 칼빈주의적 경향이 그들의 성경관에 어떻게 영향을 미쳤는지 규명해야 한다. 진정한 성경관은 보다 넓은 복음주의적 맥락에서 살피는 것이 되어야 하며 보다 큰 개혁주의 신학계의 배경에서 보아야 하기 때문이다"라고 하였다.[1)]

1) Harvie M. Conn(권성수 감수), 성경의 무오 (서울: 엠마오출판사, 1991), p. 48.

칼빈주의적 성경관이 얼마나 복음적이며 포괄적인 신학배경의 베일 속에 기인(起因)하고 있는지 잘 반영해 주는 말이라 하겠다.

칼빈은 신학자인 동시에 목회자, 법률가, 교육가 그리고 사상가로서 인정을 받았으며, 특별히 성경에 대한 해박한 지식과 탁월한 성경주해 그리고 불후의 명작인 《기독교강요》가 출판되면서 자연스럽게 그는 칼빈주의의 주역(主役)이 된 것이다.

김성환 교수는 말하기를 "최초의 칼빈주의자는 예수님이시며 아브라함도 모세도 바울도 칼빈주의자이다"[2]라고 칼빈주의에 대한 적절한 표현을 한 바 있다.

칼빈은 《기독교강요》(*Institutes*)를 시작하면서 "창조주 하나님의 지식"이라는 대명제로부터 그의 신학논리를 전개한다.[3] 그는 여기서 "하나님의 피조물이요 완전 타락한 인간은 무엇보다 하나님을 바로 아는 지혜가 선결되어야 한다"[4]고 하였다.

여기서 칼빈의 하나님 주권 사상을 읽어 볼 수 있는데, 피조물이며 전적으로 타락한 인간은 하나님을 아는 지식이 우선되어야 한다는 것이 그의 신학원리의 기초가 된 것이다.

칼빈은 1509년 7월 10일 프랑스의 조그마한 도시 노용(Noyon)에서 귀족 출신 어머니와 당시 교회의 법원에서 종사하던 아버지

2) 김성환, 칼빈주의 해설(Noted from Lecture of Fall Semester Class, 1973).
3) John Calvin, Institutes of the Christian Religion (Phila: The Westminster Press, 1967), p. 35.
4) Ibid., pp. 36-38.

제라르와의 사이에서 태어났다.

아버지의 강력한 권고로 파리 근교에 있는 몽테귀 대학에서 법학과 문학을 전공하고 당대에 기독교 인문주의자이며 프랑스 르네상스에 막강한 영향을 끼친 에라스무스(Desiderius Erasmus, 1466-1536) 교수의 지도 아래 신학을 연구하였다.

그가 27세에 집필한 《기독교강요》는 당대뿐 아니라 오늘날 모든 신학자와 목회자 그리고 평신도에 이르기까지 많은 감명과 교훈을 주는 기독교 변증서가 되었다.

당시의 상황을 본다면 사상적으로는 기독교 인문주의와 수도원의 잘못된 경건주의 사상으로 점철(點綴)되었고, 종교적으로는 로마 가톨릭의 영향 아래 부패와 만행이 자행되고 있었다.

이러한 중세의 암흑기에 칼빈은 자신의 지도교수 격인 에라스무스의 탁월한 원어 지식과 경건성을 답습하였으며, 특별히 경건의 삶과 영성계발에 있어서는 당대의 경건주의의 대표자인 토마스 아 켐피스(Thomas A Kempis)에게서 많은 영향을 받았다.

아 켐피스는 그의 저서 《그리스도를 본받아》(*The Imitation of Christ*)에서 금욕을 통한 내면적인 경건과 영성을 강조하였는데, "전지전능하신 하나님께서는 항상 인간의 내부를 감찰하시며 선한 목적을 가지고 지켜보시기 때문이다"[5]라고 하였다.

칼빈은 《기독교강요》 1536년 초판 서문에서 "내가 이 책을 쓰

---

5) Thomas A Kempis, edited Donal Demaracy, The Imitation of Christ (Grand Rapids: Baker Book House, 1982), pp. 40-41.

는 의도는 몇 가지 기초적인 원리를 기술하여 종교에 열심인 사람들의 참된 경건의 삶을 도우려는 것이었다"[6]라고 하였는데, 여기서 토마스 아 켐피스의 경건과 영성신학을 간접적으로 인지하게 한다.

칼빈의 신학적 배경에 대해 안재도 교수는, 멜란히톤(Philipp Melanchthon, 1497-1560)과 마틴 부처(Martin Bucher, 1491-1551)의 영향이 있었음을 언급하면서 "칼빈의 신학은 멜란히톤의 기독론 가운데 율법, 믿음, 소망, 사랑, 회개 그리고 그리스도인의 자유에 있어서 같은 접촉점을 발견하게 되며, 부처의 선택교리에서 그 유명한 칼빈의 예정론 교리의 동인(motive)을 찾게 된다"[7]라고 하였으며, 정성구 교수는 "그러므로 칼빈주의는 하나의 포괄적인 사상체계이며 그 사상의 핵심은 바로 하나님 중심 사상이다"[8]라고 적절한 표현을 하였다.

칼빈주의는 인간의 사색적인 철학이나 종교가 아닌 참된 복음과 하나님의 존재를 성경의 원리대로 가르치고자 하는 것이며, 하나의 포괄적인 성경 사상체계를 창조주 하나님이 원하시는 방법대로 표현하는 데 그 목적을 두고 있다.

이와 같이 참된 칼빈주의자는 언제나 그의 중심사상에 하나님

---

6) John Calvin, op. cit., p. 9.
7) 안재도, 개혁주의 영성과 삶 (서울: 쿰란출판사, 2006), p. 54.
8) 정성구, 하나님께 더 가까이 (서울: 총신대학 출판부, 1988), p. 9.

과 더불어 생각하며 삶 전체의 방향을 하나님을 향하여, 하나님과 함께 그리고 하나님의 존전에서 시작하며, 성경이 시작하는 데서 시작하고 성경이 진행하는 데까지 진행하며 성경이 침묵하는 곳에서 침묵한다.[9)]

정성구 교수는 이것을 요약해서 정의하기를 "칼빈의 신학을 한 마디로 표현하자면 오직 성경(Sola Scriptura)이라는 것으로 결론을 맺었다"[10)]라고 하면서 "칼빈주의는 곧 성경관이라 할 수 있는데 이것을 다른 말로 표현하자면 성경주의이다"[11)]라고 적절한 표현을 하였다.

그러므로 칼빈주의자는 성경에서 모든 생의 방향과 목표를 설정하며, 성경의 원리에서 모든 학문과 신학의 원리를 찾는 데 역점을 두고서, 삶의 전반을 통하여 성삼위 하나님께 영광을 돌리는 데 초점을 맞추는 자이다.

이 점에 있어서 정 교수는 "모든 만물이 하나님으로부터 출발하고 하나님이 원인이 되고 결국 죄인 된 인간은 하나님 앞에 설 수밖에 없다는 것이 성경의 사상체계이다"[12)]라고 결론지었다.

벌코프(Louis Berkhof) 교수는 당시 자유주의신학의 지도자 격인 영국의 수도사 펠라기우스의 원죄설을 강하게 비판하면서 "인간의 죄는 자유의지에 의한 것이며 복음을 믿을 수 있는 능력도 인간 자신의 내부에 존재한다는 펠라기우스의 사상은 성경에 대한

9) Ibid., p. 16.
10) Ibid., pp. 16-17.
11) Ibid., p. 16.
12) Ibid., p. 11.

정면 도전이다"[13]라고 하면서 칼빈의 원죄설을 변증하였다.

칼빈주의의 권위자인 스틸(David Steele) 박사는 "역사적으로 칼빈주의라고 하는 명칭이 공식 사용되기는 17세기 초 네덜란드에서 일어났던 신학적인 논쟁을 이해하여야 하며, 이 논쟁은 칼빈(John Calvin)의 5대 강령에 대한 정면 도전이었다"[14]라고 하였다. 이 논쟁에 대한 대표자로 알미니우스를 지적하면서 "그는 1610년 칼빈의 5개 조항을 일일이 비판하는 작성문을 화란 정부에 제출함으로써 신학논쟁은 시작이 된다"[15]고 하였다.

칼빈의 5대 강령을 약술하면 첫째, 인간의 전적 무능 또는 전적 부패(Total Depravity)인데, 하나님을 떠나서 완전 타락한 인간은 그의 존재 전체가 죄로 말미암아 어두워졌으며 완전히 훼손(毁損)되어졌음을 말한다.

이러한 인간은 그 누구도 스스로의 힘으로는 구원할 수도 없고 복음을 받을 수도 없다. 하나님에 관하여는 완전히 죽었고 눈이 멀고 귀가 멀었으며 그의 악한 본성 때문에 그의 의지는 자유롭지 못하고 억눌려 있다는 것이다.

믿음은 인간의 구원에 대한 어떤 공헌이 아니라 그것 자체가 구원에 대한 하나님의 선물의 한 부분인데, 그것은 곧 죄인이 하나

---

13) Louis Berkhof, History of Christian Doctrine (Grand Rapids: Eerdmans, 1976), pp. 136-137.

14) David N. Steele(김재권 역), 칼빈주의 5대 교리 (서울: 생명의 말씀사, 1982), pp. 15-19.

15) Ibid., p. 25.

님께 드리는 선물이 아니라 죄인에게 주시는 하나님의 선물이라는 것이다.

둘째, **무조건적 선택**(Unconditional Election) 교리는 세상이 생기기 이전에 개인들을 구원하시려는 하나님의 선택은, 온전히 그분 자신의 주권적인 의지에 달려 있었음을 말한다. 하나님은 인간들의 어떠한 응답이나 복종을 미리 보신 것에 기초를 두지 않고, 반면에 그가 택하신 각 개인에게 믿음과 회개를 일으키시는데 이러한 행위들은 결과요 선택에 대한 원인이 될 수 없다는 것이다.

그러므로 선택은 사람 가운데서 미리 보신 행위나 어떠한 도덕적인 특성에 달려 있거나 그것에 의하여 결정되는 것이 아니라 성령의 능력을 통해서 그리스도를 기꺼이 받아들이게 하신 주권적 선택이라는 것이다.

결국 선택은 그리스도에 대한 죄인의 선택이 아닌, 죄인에 대한 하나님의 선택이 구원의 궁극적인 원인이 된다.

셋째, **특별한 구속 또는 제한속죄**(Limited Atonement)인데, 이 교리는 그리스도의 죽음이 실제로는 선택함을 받은 자에게 적용되며 그리스도에게 주어진 바 된 자들을 위한 것이며 버린 자와는 결코 무관하다는 것이다.

그 이유는 그리스도는 하나님께서 택하신 백성들에게 자신의 생명을 주시기까지 희생의 제물로 죽으셨다. 그러므로 그리스도와 함께 죽고 그리스도와 함께 부활하며, 그리스도께서 죽으심으로 구원을 얻게 된 모든 사람에게 구속사역은 보장된다.

넷째, 불가항력적 은혜(Irresistible Grace)의 교리인데, 이것은 하나님께서 한번 구원하기로 작정하시면 반드시 그 인간에게 구원을 주시며 인간은 누구도 그 은혜를 거부할 수 없다는 것이다.

허물과 죄로 죽었던 존재는 그들 자신의 악한 요구와 욕구 때문에 영적인 죽음과 비참 속에 있다. 그럼에도 불구하고 하나님은 죄인으로 하여금 하나님의 소명에 응답하도록 역사하시는데, 이것은 오직 성령을 통하여 역사하시며 성령께서는 복음을 듣는 모든 사람에게 이 은혜를 적용하신다. 하나님의 부르심에는 일반적 부르심이 있고 특별한 부르심이 있으며, 일반적인 부르심은 모든 사람에게 주어지는 것인데 이것은 저항할 수 있는 것이지만 특별한 부르심, 즉 내적 부르심은 오직 택한 자에게만 주어지는 것으로 저항할 수가 없다.

이 특별한 부르심에 의하여 성령께서는 죄인을 그리스도께로 인도하신다. 성령께서는 택하신 자로 하여금 은혜로 협력하게 하시며 믿게 하시며 회개하게 하시고, 자유로우면서도 자발적으로 그리스도께로 나아오게 하신다. 그러므로 하나님의 은혜는 불가항력적이며 인간 편에서의 어떠한 조건으로도 항거할 수 없다.

다섯째, 성도의 견인(Perseverance of the Saints)인데, 하나님께서 전적 타락의 상태에 있는 인간을 한번 구원하기로 선택하셨다면 그 구원을 끝까지 보장하실 뿐 아니라 효과적으로 그를 부르시고 영생의 길로 인도하신다는 교리이다.

인간 속에 내재하시는 성령께서는 선택함을 받은 자로 하여금 확신을 갖고 끝까지 인내하며 궁극적 구원에 이르도록 보장하신다. "또 미리 정하신 그들을 또한 부르시고 부르신 그들을 또한 의롭다 하시고 의롭다 하신 그들을 또한 영화롭게 하셨느니라"16) 고 한 사도 바울의 고백이 성도의 견인에 대한 칼빈의 결론이라 할 수 있다.

알미니우스는 이상의 다섯 가지 칼빈의 강령을 일일이 반박하면서 5개 조항을 내어 놓았는데, 여기에 대하여 샤프(Philip Schaff) 박사는 다음과 같이 알미니우스의 그릇된 사상을 지적하였다.

첫째, 칼빈주의의 절대적 예정교리와는 달리 예지된 신앙이 예정의 근거가 된다. 둘째, 비록 믿는 자들만이 구원을 얻는다 할지라도 그리스도께서는 모든 사람을 위해 죽으셨다. 셋째, 칼빈이 말하는 전적 부패가 아닌 부분적인 부패를 주장하며, 넷째, 이러한 은혜는 인간이 저항할 수 있다. 다섯째, 진정 믿음으로 거듭난 사람이라 할지라도 그 믿음이 끝까지 인내로 이끌지 못할 것이며 한때 받은 은혜도 상실할 가능성이 있다는 것이다.17)

알미니우스의 제자들이 제출한 반박문을 검토하기 위하여 1618년 국제적인 종교회의가 도르트(Dort)에서 열렸는데 이것이 그 유

16) 롬 8:30

17) Philip Schaff, Creeds of Christendom (Grand Rapids: Baker Book House, 1977), pp. 540-548.

명한 도르트 종교회의(Dort Synod)이다.

"이 회의는 11월 13일 화란 의회에 의해서 소집되었는데 당시 총회의 의장은 요하네스 보거맨(Johannes Bogerman)이었으며 그는 철저한 칼빈주의자로서 화란 칼빈주의 운동의 기수였다.

거기에는 84명의 신실한 종교지도자들과 18명의 정부 대표들 그리고 스위스, 영국, 독일로부터 온 종교지도자들 27명이 모였으며 1619년 5월 9일까지 7개월 동안 무려 154회의 회기가 개최되었다."[18)]

심의를 계속하여 얻은 결론은 알미니안 주의자들에 의하여 천거된 칼빈의 5대 교리에 대한 반박문은 거부되고 알미니우스의 교리는 이단으로 정죄된 것이다.

칼빈주의의 권위자인 워커(Williston Walker) 박사는 말하기를 "알미니우스(James Arminius)는 화란 암스테르담에서 오랫동안 목사와 신학교수로 사역하면서 얻은 명성과 경험을 배경으로 하여 칼빈주의의 철저한 예정교리와 하나님 주권사상을 비판하면서 칼빈의 사역에 많은 어려움을 주었다"[19)]라고 하였다.

신복윤 박사는 말하기를 "알미니우스는 성경의 명백한 교훈을 떠나 자기 나름대로의 사상을 은밀히 보급하였으며 특별히 화란 교회의 개혁주의 신학과 신앙옹호자들을 혼미스럽게 하였다"[20)]라

18) David N. Steele, op. cit., p. 18.
19) Williston Walker, A History of the Christian Church (New York: Charles Scribners Sons, 1919), pp. 452-454.
20) 신복윤, 신학지남 '80 여름호 (서울: 신학지남사, 1980), pp. 106-110.

고 지적한 바 있다.

칼빈의 생애에 있어서 또 하나의 위기는 미카엘 세르베투스(Michael Servetus)의 삼위일체설에 대한 정면 도전이었다. 그는 스페인 빌나노바 출신으로서 신학, 의학, 법률학 그리고 지리학을 전공한 당대 지성인들의 사상과 신학을 주도해 왔던 인물이었다.

세르베투스가 20세에 지은 삼위일체설의 오류(De Trinitatis Erroribus)는 당시 신학계에 많은 파장을 일으켰으며 칼빈의 마음을 무척 아프게 하였다.

중요 내용을 보면 니케아(Nicaea 325A.D.) 회의의 결정은 교회로 하여금 큰 과오를 범케 하였다는 것이며, "삼위일체란 말은 대가리 셋을 가진 지옥의 개와 같다"[21]라고 비꼬았다.

결국 세르베투스는 종교회의에 회부되었고 화형을 언도받았다. 칼빈은 이 소식을 듣고 감옥으로 달려가 지금이라도 회개하고 하나님을 모독한 죄에 대하여 용서를 구하라고 간곡히 권면했으나 그는 끝내 거부하고 칼빈을 향해 저주를 퍼부으며 형장의 이슬로 사라졌다고 한다.

이 사실을 모르는 사람들, 특히 자유주의 신학자들은 칼빈은 독선적이며 사랑과 용서가 없는 엄격하고 율법적인 신학자라고 비꼬지만 그가 얼마나 사랑의 사람이며 기도의 사도였는가는 당시 성도들과 제자들의 증언에서 들을 수 있으며, 그의 불후의 명작

---

21) 이종성, 칼빈 (서울: 대한기독교출판사, 1992), p. 52.

《기독교강요》에서 충분히 반영되고 있는 것이다.

종교개혁자 하면 우선 루터(Martin Luther)를 연상하게 되는데, 그러나 그 개혁의 배후에는 칼빈이 있었다고 하는 사실을 역사가들은 누구도 부인하지 않는다.

물론 루터의 업적은 위대하고 대단한 것이었다. 당시 교황은 유럽의 황제들을 주도(control)하고 있었을 뿐 아니라 자신을 신성시하기 위하여 저지른 횡포가 루터가 지적한 95개 조항뿐이었겠느냐 하는 것이 기독교 역사가들의 일반적인 주장이다.

일개 신부로서 그 막강한 권력과 투쟁하면서 성경의 원리대로 성도를 바르게 인도하기 위하여 성경을 번역하고 주해하였으며, 특별히 로마서주석은 불후의 명작품으로 남게 되었다.

그러나 종교개혁 후의 혼탁한 교계를 신학적으로 체계를 세우는 작업과 교황체제하에서 지도를 받아 왔던 성도들을 말씀으로 인도하고 특별히 그들의 삶을 통하여 하나님께 영광의 모자를 씌워드리는 일까지 완벽한 성경 중심의 신학사상을 정립한 분은 칼빈(J. Calvin)이었다.

김의환 박사는 루터와 칼빈을 비교하면서 말하기를 "실제로 루터와 칼빈을 단적으로 표현한다면, 루터는 종교개혁에 행동적 주역으로 본다면 칼빈은 종교개혁 이후 성경을 체계화한 사상적인 주역으로 평한다"[22]라고 하였다.

---

22) 김의환, 강해설교와 신앙수상 (서울: 총신대학교 출판부, 2001), p. 449.

여기서 개혁(reformed)이란 용어에 대하여 거부감을 가지고 좀 더 부드러운 표현방법이 없는가 하고 반문하는 자들이 있는데, 개혁이란 말은 '리 폼드'(re-formed), 즉 진정한 폼(form)으로 돌아가자는 것이다. 우리의 진정한 규범은 종교개혁자들이 그렇게도 애타게 부르짖고 절규하던 정경, 즉 하나님의 무오하신 말씀(νόμος)이 바로 그것이다.

16세기 로마 가톨릭의 말씀에 대한 왜곡된 가르침에 항거하여 일어난 운동이 바로 '종교개혁'(Reformed Movement)이며, 그래서 개혁주의를 칼빈주의(Calvinism)라고 부르는 이유가 여기에 있는 것이다.

성경으로 돌아가자(Back to the Bible)! 이 슬로건은 1500년 동안이나 썩고 부패한 로마 가톨릭 지도자들의 사상에 대하여 항거하는 외침이요, 말씀만이 참 진리 가운데로 인도하는 유일한 방편이요 첩경이 됨을 강조하는 칼빈 선생의 절규요 신앙고백이라고 하겠다.

그러므로 칼빈주의는 칼빈의 사상과 그의 논리를 그대로 답습하는 것이 아니라 칼빈이 발견한 하나님의 말씀의 분명한 해답과 그의 겸손한 신앙인격을 따라가는 것이다.

만약 칼빈이 지금 살아서 칼빈주의라는 말을 듣는다면 무척 실망하면서 자신의 이름을 제하라고 엄명했을 것이다.

필자는 신학교에 입학하여 고 김성환 목사로부터 칼빈주의를 배웠는데 "칼빈주의는 칼빈이 성경을 바로 해석하지 못한 부분이 있으면 그것을 수정해서 성경의 원리대로 바로 해석해 나가는 것이다"[23]라고 했을 때, 바로 그 순간 칼빈주의자가 되기로 결심한 바 있다.

이와 같이 칼빈주의는 칼빈의 사상이나 논리를 일방적으로 따라가는 것이 아니라 그에게 어떠한 과오가 있으면 그것을 바로잡고, 특별히 성경관에 있어서 결점이 있다면 가차 없이 시정해 나가는 것이 칼빈주의(Calvinism)의 근본정신이라 하겠다.

칼빈의 신학적인 배경을 살펴볼 때 그가 《기독교강요》 초판을 내었던 1534년부터 마지막 개정판을 내었던 1559년까지 25년간 거의 변화가 없었다는 데 주목할 가치가 있다.

법학과 철학을 전공한 뒤 신학을 했던 그는 성경강해에 있어서도 논리적이며 합리적인 동시에 조리가 정연함은 그의 신학원리 전반에 걸쳐 나타나고 있는 바이다.

정성구 교수는 "이와 같이 칼빈의 신학 특징은 철저한 하나님 중심이며 오직 하나님께 영광(Soli Deo Gloria)과 하나님의 면전에서의 삶(Coram Deo)을 주축(主軸)으로 한다"[24]라고 하였다.

그러므로 칼빈의 설교는 청중으로 하여금 실제적으로 하나님의 면전에 있음을 인식하게 했다. 이 점에 있어서 칼빈주의 권위자인 칼 크로밍가(Carl Crómminga) 박사는 "칼빈의 설교나 성경강해를 읽

23) 김성환, "Noted on Lecture of Spring Semester 1971", Chong Shin University.
24) 정성구, op. cit., pp. 12-15.

을 때는 살아 계신 하나님의 숨결을 의식한다"[25]라고 적절한 표현을 한 바 있다.

칼빈의 신학 5대 교리 중 첫 번째가 인간의 전적 부패(Total Depravity)로부터 시작하는 것은 철저한 죄인의식과 하나님 앞에서의 삶을 반영해 주는 신학 원리의 발로(發露)라 하겠다.[26]

특히 그가 평소에 즐겨 애용한 말씀 "오호라 나는 곤고한 사람이로다 이 사망의 몸에서 누가 나를 건져내랴" "내가 죄악 중에 출생하였음이여 모친이 죄중에 나를 잉태하였나이다" 그리고 "내가 주께 대하여 귀로 듣기만 하였삽더니 이제는 눈으로 주를 뵈옵나이다"[27] 등의 성경 구절들이 그의 신학의 초석(礎石)임을 감안해 볼 때, 그가 얼마나 자신의 무능과 전인적인 부패의식으로부터 그의 신학체계를 전개(展開)시키고 있는가를 우리는 가히 짐작하고도 남음이 있는 것이다.

칼빈이 제네바에서 처음 개혁을 시작하게 된 동기는 하나님의 특별하신 섭리가 있었다. 처음에는 그가 프랑스를 떠나 독일 남부에 위치하고 있는 스트라스부르로 가서 거기서 마틴 루터(M. Luther)의 제자들과 조용히 개혁운동에 조력(助力)하려 했으나 당시

25) Carl Cromminga, "Man before God's face in Calvin's Preaching" Noted from lecture by Dr. Kooistra, Reformed Theological Seminary, fall semester, 1982.
26) David N. Steele, 칼빈의 5대 교리 (서울: 생명의 말씀사, 1982), p. 20.
27) Ibid., pp. 35-43.

찰스 5세와 프랜시스 1세의 전쟁으로 인하여 스위스로 돌아가는 중 잠깐 제네바에 들르게 되었다. 이때 제네바에서는 루터에게서 개혁주의 영향을 받은 파렐(Farrel, 1489-1565)이 종교개혁을 성공적으로 마무리하기 위해 지도자를 물색하며 기도 중에 있었는데 마침 하나님의 신실한 종 칼빈(J. Calvin)을 만나게 된 것이다.

칼빈은 파렐로부터 제네바에서 함께 개혁운동을 하자는 제안을 받고 자신은 경험도 없고 부족한 사람이니 다른 분을 알아보도록 간곡히 부탁하였으나 파렐은 의분(義奮)을 내면서 만일 당신이 이 거룩한 일에 주저한다면 하나님의 저주가 임할 것이라고 하였다.

후에 칼빈이 고백한 바에 의하면 당시 파렐의 말을 들었을 때 하나님의 강한 저주가 실제로 임할 것 같은 전율을 느끼게 되었다고 한다. 사실 칼빈이 제네바에 머물게 됨으로써 그 도시는 영적으로는 물론 일반적(정치, 경제, 문화 그리고 교육)인 제 방면에 있어서도 놀라운 성장을 이루었음은 역사가 증명하는 바이다.

사실 칼빈이 제네바에 오기 전에는 무정부 상태였고 유럽에서 가장 타락한 도시였으나 그가 와서 개혁주의 사상으로 시민들을 훈련함으로 말미암아 가장 이상적인 사회가 되었으며 기독교의 찬란한 문화를 꽃피우게 했던 것이다.

당시 가톨릭의 영향에 버금가는 재 침례주의의 세상 도피성과 금욕적인 사상을 성경적으로 지적하면서, 일반은총이라는 신학적 용어를 내놓았는데, "일반은총이란 하나님이 세계의 생활을 유지시키며 그 위에 놓여진 저주를 경감하고 타락을 억제하며 하나님을 창조자로서 영화롭게 하며 생활의 발전을 허용하는 은총이다.

인간은 하나님의 형상대로 지음 받았기에 존중할 뿐 아니라 세상도 하나님의 창조물로서 존중하는 것이다"[28]라고 하면서 하나님은 자신이 만든 세상을 인간에게 맡기면서 그 땅을 정복하라고 하셨는데, 그 사명을 무시하고 수도원으로 들어가는 것은 도피 행각이며 하나님을 찬양하는 것과 세계 속에서 하나님께 봉사하는 일을 망각한 행위라고 지적하였다.

그러므로 칼빈주의가 가는 곳에는 어디든지 문화가 계몽(啓蒙)되고 경제가 발달되었으며 역사는 밝은 영감으로 가득하게 되었던 것이다.

프루인(Fruin) 교수는 "스위스에서, 불란서에서, 화란에서, 스코틀랜드에서, 잉글랜드에서 그리고 어느 곳에서나 승리를 거둔 것은 항상 칼빈주의였다"[29]라고 하였다.

이와 같이 칼빈주의가 가는 곳에는 그 사회가 이상적으로 계몽됨은 물론 경제적으로도 부흥하고 교육, 과학 등 제 분야에서 세계를 주도해 왔으며 오늘날 스위스는 세계 GNP에 있어서도 일등국가가 된 것이다.

칼빈주의가 독일로 유입(流入)되었을 때 오랑캐족인 게르만(German) 민족이 신사(Gentleman) 민족이 되었으며 신학, 철학, 과학 그리고 경제적으로도 막강한 힘을 세계에 과시(誇示)하게 된 것

28) Abraham Kuyper(박영남 역), 칼빈주의 (서울: 세종문화사, 1971), pp. 46-47.
29) Ibid., p. 58.

이다.

칼빈주의가 영국으로 건너갔을 때 영국 또한 부강한 민족이 되었는데, 영국 교회가 16-17세기에 걸쳐 구교와 신교가 피어린 투쟁을 할 때 종교개혁의 선두 주자들은 모두가 청교도들이었으며, 이들은 모두 칼빈의 제자들이요 칼빈주의 신앙으로 무장한 자들이었던 것이다.

그들이 구교의 부정과 타락상을 규탄하고 성경에 입각한 칼빈주의 신앙으로 교회를 정화하려고 했기에 청교도라고 하는 별명을 얻은 것이다. 칼빈주의 신앙으로 무장한 자들이 점점 많아지고 그 세력이 확산되자 엘리자베스 여왕은 1593년에 의회로 하여금 반 청교도 칙령을 가결시키게 했으며, 이 법령으로 말미암아 많은 압력이 기독교에 가해지기 시작하였고 심지어 미사에 참예하지 않는 공무원은 해고와 축출을 당하였다.

결국 찰스 왕은 다섯 명의 국회의원을 반역죄로 체포하려 했고, 이 사건을 계기로 신교와 구교 간에 많은 희생자가 생겨나게 되었던 것이다. 이때에 칼빈주의자인 올리버 크롬웰(Oliver Cromwell)을 중심으로 개혁의 봉기를 일으켰으나 국가적인 탄압에는 역부족이었다. 그리하여 영국의 청교도들이 중심이 되고 네덜란드와 유럽의 칼빈주의자들이 신앙의 자유를 찾아 미지의 땅 아메리카 대륙으로 발을 내딛는 동기가 된 것이다.

1620년 1차로 102명이 출발하였는데, 상륙한 첫 겨울 기후의 이변(異變)적인 조건과 긴 항해 그리고 인디언의 공격으로 말미암아 상륙하던 해에 44명이나 하나님의 부르심을 받았으나 그들은 하나님을 원망하지 않고 자신의 집을 짓기 전에 먼저 교회당을 지어 자녀들에게 말씀과 기도를 가르쳤으며, 저들의 첫 감사절이 오늘날 추수감사절의 기원이 되었다.

그 후 1628년부터 1642년 사이에 약 2만 명에 가까운 청교도가 유럽을 떠나 신대륙에 정착하게 되었으며, 이들이 미 대륙에 도착하여 종교적 방면에 미친 영향은 말할 것도 없거니와 정치적 방면에 있어서도 매사추세츠의 첫 지도자 존 에리코트, 코네티컷의 창설자 토마스 호크, 뉴 헤이븐의 창설자인 다벤 포트, 그리고 로데아일랜드의 창설자 로켓 윌리엄 등이 모두 신실한 칼빈주의자들이었다.

미국은 비록 짧은 역사를 가졌지만 세계의 정치, 경제, 문화 그리고 과학을 주도하고 있으며 오늘날 세계 1위의 선교사 파송국이 되었다. 우리 한국에는 1885년 장로교 선교사 언더우드(Horace Underwood)와 감리교의 선교사 아펜젤러(Apensellar)를 파송하면서 2차대전 중 일본의 압박 속에 몸부림치고 있던 대한민국의 독립에 결정적인 기여를 하였다.

뿐만 아니라 평양신학교를 위시하여 처처에 교육기관을 세워 종교교육뿐 아니라 일반교육에도 지대한 공헌을 끼친 결과로 오늘날 한국은 영육 간에 많은 축복을 누리게 된 것이다.

그러나 오늘날 청교도의 후예인 미국과 한국에도 죄악의 물결이 범람하고 있으며, 특별히 젊은이들이 많이 흔들리고 있는 것은 하나님의 크신 은혜와 축복을 제대로 감사하지 못한 결과라고 하겠다.

우리 한민족은 어느 민족보다 기도하는 국민인데 이 마지막 시대에 하나님께서 우리 민족을 사랑하시고 더 축복하시기 위한 깊은 섭리가 있음을 자각하고, 이 민족이 다시금 기도와 말씀으로 돌아가 칼빈주의(Calvinism)의 열매를 많이 맺을 때 우리의 진정한 소망이신 주 예수 그리스도의 재림(Second Coming)이 영광 중에 도래(到來)할 것으로 확신하는 바이다.

2 칼빈주의 성경관

1. John Calvin의 성경 이해

칼빈은 어느 종교개혁자보다도 의식적으로 성경의 제자가 되고 성경의 가르침과 원리에 따르고자 했다. 그는 자기 자신을 가리켜 "하나님의 말씀의 대언자라는 말을 즐겨 사용하였으며 제네바 교회의 신언(神言)의 목사라고 자신을 소개하였다."[1)]

이와 같이 누구도 성경의 제자가 되지 않고는 매우 작은 지식도 가질 수 없다는 것이 칼빈의 성경관이었다.

이 점에 있어서 신복윤 박사는 "칼빈의 신학은 교부 어거스틴

---

1) 이종성, op. cit., p. 71.

(Augustine)으로부터 성경적인 기독론과 삼위일체론의 영향을 볼 수 있으며 인간의 자유의지론과 예정론에 있어서는 많은 부분 어거스틴의 신학을 인용하였으나 칼빈의 신학적인 사상의 기초는 항상 성경에 두고 있다"[2]라고 적절한 표현을 하였다.

사실 칼빈의 자유의지와 선택교리를 읽게 되면 교부들의 견해보다는 항상 성경의 원리와 결론을 찾아, 하나님의 섭리와 뜻에 초점을 맞추기 위하여 부단히 노력하였음을 그의 《기독교강요》 전반을 통하여 생생히 엿보게 되는 것이다.

정성구 교수는 말하기를 "참된 신앙은 칼빈 선생이 말한 대로 성경이 가라는 곳까지 가고 성경이 멈추라는 곳에서 멈추는 삶이어야 한다. 기록된 말씀을 읽고 깨달음으로 기쁨이 있고, 그 말씀을 통해서 신앙과 생활의 표준으로 삼게 하신 것이다. 그래서 칼빈은 이것을 한마디로 오직 성경으로(Sola Scriptura)라고 한 것이다. 그러므로 아무리 힘 있는 전통, 아무리 명백한 경험이라도 성경의 권위 앞에는 엎드려야 하는 것이다"[3]라고 하였다.

칼빈은 또한 그의 탁월한 성경 원어 지식과 성령 충만의 신앙 인격이 성경 본문을 깊고 원대하게 연구하는 데 많은 기여(寄與)를 하였다고 하겠다.

《기독교강요》 전반을 통하여 그는 항상 말하기를 성경은 하나

---

2) 신복윤, 기독교강요 Vol. 1 (서울: 생명의 말씀사, 1988), pp. 30-34.
3) 정성구, 하나님께 더 가까이 (서울: 총신대학 출판부, 1988), pp. 16-17.

님의 불변하신 말씀이며 성령의 영감으로 기록된 진리임을 먼저 확신할 것과, 기록된 말씀에 대한 절대 의존심과 아울러 성령님을 은혜의 수단(手段)으로 붙잡아야 할 것을 강조하였다.

그러므로 성경해석자는 성경 본문의 내용을 철저하게 살리기 위하여 먼저 성령의 도우심을 간구하여야 하며 성경의 각 권, 각 장 그리고 각 절의 중요성과 특수성을 원문에 비추어 살피고 연구해야 하는 것이다.

베드로 사도는 "그 모든 편지에도 이런 일에 관하여 말하였으되 그중에 알기 어려운 것이 더러 있으니 무식한 자들과 굳세지 못한 자들이 다른 성경과 같이 그것도 억지로 풀다가 스스로 멸망에 이르느니라"[4]고 기록하였는데, 이것은 하나님의 말씀을 해석할 때 무척 조심스럽게 다루어야 하며, 더 깊이 묵상하고 가르쳐야 할 것을 암시해 주고 있는 말씀이라 하겠다.

칼빈(John Calvin)은 무엇보다 성경을 바로 해석하여 가르치는 것은 중요한 과제라고 하면서 기독교 역사에 나타난 모든 이단운동은 성경을 바로 해석하지 못한 결과이며, 특별히 천주교(Roman Catholic)의 지도자들은 성경을 바로 연구하지 못하고 교황의 문서나 기도서 그리고 가경을 우선적으로 가르쳤으며, 하나님의 영광보다 자신의 권위를 앞세웠기에 1500년 동안이나 기독교역사를 암흑세계로 만들고 말았다고 지적하였다.

---

4) 벧후 3:16

저들의 그릇된 가르침을 지적하면서 반틸(Cornelius Vantil) 교수는 "물론 천주교도 성경을 믿는다. 그러나 항상 전통(tradition)을 앞세웠으며, 교황은 성경과 전통 양자에 대하여 종국적 해석의 권위를 가지고 있었다"[5]라고 강하게 비판하였다.

칼빈은 "성경은 창조주 하나님을 알게 하는 안내서인데 누구든지 그에게 나아오는 자에게는 자신을 온전히 나타내신다"[6](Scripture is needed as guide and teacher for anyone who would come to God the Creator)라는 말로 그의 불후의 명작인 《기독교강요》를 시작하고 있다.

그가 《기독교강요》에서 보여 준 성경관을 요점 정리해 보면, "성경은 거룩하신 하나님의 말씀이므로 성경을 떠나면 오류에 빠지게 된다. 하나님께서 실제적으로 자신을 온전히 알리신 것은 성경에서뿐이다"[7](God bestows the actual knowledge of himself upon us only in the Scripture. Without Scripture we fall into error)라고 하였다.

그리고 "창조사역에서 나타나지 못한 것도 성경에는 계시되어 있으므로 성경은 반드시 성령의 증거로 확증되어야 한다"[8](Scripture can communicate to us what the revelation in the creation cannot.

---

5) Cornelius Vantil(이승구 역), 개혁주의 신학서론 (서울: 기독교문서선교회, 1999), p. 232.
6) John Calvin, Institutes of the Christian Religion (Philadelphia: The Westminster Press, 1967), p. 69.
7) Ibid., pp. 69-73.
8) Ibid., pp. 73-74.

Scripture must be confirmed by the witness of the Spirit)는 것이며, 어디까지나 성경의 권위는 하나님으로부터 오므로 교회의 기초는 성경 위에 있어야 하며, 말씀과 성령은 불가분의 관계를 가진다는 것이다.

그러므로 "성경을 떠나 직접계시로 비약하는 신자들은 경건의 모든 원리를 파괴하는 것이며 성령의 역사도 성경 안에서 이해되어져야 함을 또한 강조하였다"[9](Scripture has its authority from God, the church is itself grounded upon scripture. Word and Spirit belong inseparably together, Fanatics abandoning Scripture and flying over to revelation cast down all the principles of godliness and The Holy Spirit is recognized in his agreement with Scripture).

칼빈은 또한 성경 기록에 대하여 말하기를 하나님께서는 40여 명의 신실한 종들을 선택하여 1,500여 년간에 걸쳐 그들에게 성령을 충만히 부어 주시어 자신의 뜻을 알리셨으므로 성경은 무엇보다 성령의 증거로 확증되어야 한다는 것이다.

칼빈주의의 권위자인 벌코프(Louis Berkhof) 박사는 "성경은 하나님의 영감으로 기록된 말씀이다. 인간의 어떤 의지나 지식이 포함되지 않은, 오직 하나님의 부름 받은 거룩한 사람들이 성령의 감동으로 말미암아 기록하였다"[10](The Bible is divinely inspired that is, the Word of God was not sent nor delivered by the will of men, but that

9) Ibid., pp. 81-92.
10) Louis Berkhof, Principles of Biblical Interpretation (Grand Rapids: Baker Book House, 1990), p. 40.

holy men of God spake as they were moved by the Holy Ghost)라고 적절한 표현을 하였다.

그러므로 성경을 묵상할 때와 특별히 그 말씀을 해석하려고 할 때 먼저 하나님의 영의 도우심을 간구해야 하며, 그 말씀이 인생의 유일한 표준이요 삶의 원리가 되어야 하며, 성경을 떠나서는 어떠한 권위도 인정해서는 안 된다는 것이다.

이러한 원리는 특별히 당시 천주교(Roman Catholic) 지도자들의 성경에 대한 오용과 곡해(曲解) 그리고 만행들을 강하게 지적하는 것이라 하겠다.

중세교회는 하나님의 말씀을 자신들의 권위를 세우는 데 하나의 수단으로 이용해 왔고, 오히려 가경을 성경보다 우위에 두고 교황의 문서들과 함께 가르쳐 왔던 것이다.

칼빈은 이 점에 있어서 분명히 말하기를 "우리는 교황권 아래 있는 그 어떠한 저술가들보다 성경을 이해함에 있어서 더 많은 인내를 갖고, 명백하고 진실되게 하나님의 말씀을 해석하고 선포해야 할 책임이 있다. 이 막중한 사명들을 하나님께서 맡기셨는데 우리는 사명감을 가지고 저들의 궤변과 궤술을 막아야 한다"[11]라고 주석하였다.

간하배 교수는 이러한 하나님의 말씀을 하나의 수단으로 곡해하는 가톨릭적인 위험성을 지적하면서 "칼빈주의는 루터주의적인

11) John Calvin, Commentaries on Minor Prophets (Grand Rapids: WM. Eerdmans Pub Company), vol ii, pp. 112-117.

구원관, 즉 구원은 우선적으로 죄의 용서에서 온다고 하는 지나친 단순화보다는 하나님의 모든 진리를 포괄적인 방법으로 접근하고 탐구하는 데 주력한다"[12]라고 하였다.

이와 같이 로마 가톨릭이 재정이 부족하거나 지식이 없어서 교회를 어둡게 하고 부패케 한 것이 아니라 성경을 오용하고 성경 대신 인간의 수단과 방법대로 가르치고 말씀대로 살지 않았기 때문에 그토록 많은 오류를 범하게 된 것이다.

루터의 전기에 보면 자신의 친구 신부 가운데 26명의 사생아를 가진 자가 있다고 실토한 바 있는데 이것은 얼마나 당시 교황청이 부패했는가를 짐작게 하며, 저들이 얼마나 성경을 연구하지 않고 가르쳤을 뿐 아니라 성경과는 먼 생활을 지도자들이 자행하고 있었는가를 암시하는 것이다.

여기서 그들이 얼마나 성경에 무식하였는가에 대한 한 가지 실례를 들어 보면,

"저가 또한 영으로 옥(獄)에 있는 영들에게 전파하시니라"[13] (Through whom also he went and preached to the spirits in prison).

"ἐν ᾧ καὶ τοῖς ἐν
φυλακῇ πνεύμασιν πορευθεὶς ἐκήρυξεν"

---

12) Harvie M. Conn, op. cit., p. 50.
13) 벧전 3:19

이 한 절을 제대로 연구하지 않고 가르친 결과 수많은 영혼들을 파멸로 몰아넣었으며, 그 오랜 세월 동안 성경의 오류를 범하였다는 것을 지적하고 싶다.

여기서 전파하셨다고 하는 '애캐뤽센'(ἐκήρυξεν)은 '캐뤼소'(κηρύσσω)의 제1과거 3인칭 단수인데, 이 단어는 어디까지나 법적인 용어로서, 전파보다는 '심판' 또는 '선언'에 더 무게를 두는 단어이며 판사가 법정에서 선고할 때 사용하는 단어이다.

복음을 전한다는 동사는 '유앙게리조마이'(εὐαγγελίζομαι)라는 단어가 따로 있는데, 이것을 착각한 나머지 마치 예수님이 지옥에 들어가 있는 영혼들에게 복음을 전한 것같이 잘못 가르침으로 천년 이상이나 심각한 범죄를 자행하였을 뿐 아니라 고해성사나 면죄부를 팔아 부를 축적하고 베드로 성당을 쌓아 올렸던 것이다.

베드로 성당은 지금도 세계 10대 신비에 들어가는 놀라운 건축이었는데, 그 많은 자금을 조달하기 위해서는 이러한 유혹과 감언이설이 또한 필요했으리라 사료되는 바이다.

작은 죄는 작은 면죄부, 큰 죄는 큰 면죄부, 심지어 죽은 자라도 일단 연옥에 가 있으면 교황이나 신부의 사죄의 기도를 통하여 천당으로 올라갈 수 있다고 하는 어처구니없는 만행을 자행하였던 것이다.

성경은 1,189장으로 되어 있으며 3만 94절이나 되지만 옥에 가서 전파하였다는 말은 이곳뿐이며, 그것도 원어를 연구하지 않고 더욱이 성경 외에 가경이나 교황의 문서들을 더 읽히고 가르쳤으니 그 결과는 가히 짐작하고도 남음이 있지 않은가.

필자는 모스크바 신학에 헬라어 특강을 요청받고 한 주간 다녀온 적이 있다. 그때 강의를 하는 중에 한 학생(소련군 중령)이 질문을 했는데 그것은 바로 베드로전서 4장 6절이었다.

"이를 위하여 죽은 자들에게도 복음이 전파되었으니."
"*εἰς τοῦτο γὰρ καὶ νεκροῖς εὐηγγελίσθη*
ἵνα κριθῶσι μὲν κατὰ"

그렇다면 이 말씀은 어떻게 해석하느냐 하는 것이다. 여기서 말하는 복음은 바로 '*εὐαγγελίζομαι*'의 과거 수동형인 '*εὐηγγελίσθη*'를 사용하였다. 소련 학생들의 실력을 과소 평가하고 갔던 필자로서는 당황할 수밖에 없었으나, 잠깐 묵상하는 중에 하나님이 지혜를 주셨는데 그것은 죽은 자라고 하는 '네크로스'(*νεκρός*)의 진정한 의미는 '영적으로 죽은 자'라는 것을 깨닫게 해 주셨다.

태초 인간이 죄를 범했을 때 이 과실을 먹으면 정녕 죽으리라 하셨으나 그 육신이 930년이나 더 살지 않았던가!

바로 그 '영혼'이 죽은 것임을 암시하는데, 칼빈은 이것을 인간의 "전적 무능" 또는 "전적 부패"(Total Depravity)라고 표현하였다고 설명을 하였을 때 큰 박수를 받은 적이 있다.

지금도 그때의 긴박했던 순간을 잊을 수가 없으며, 그 설명에 대한 좀 더 성경적인 해답을 찾기 위하여 연구 중에 있다.

성경은 말하기를 "사랑하는 자여 네 영혼이 잘됨같이 네가 범사에 잘되고"라고 가르친다.[14)]

우리는 우둔해서 항상 육체를 우선적으로 생각하지만 하나님의 우선순위(priority)는 육체보다 영혼이라는 것을 먼저 유념해야 한다. 성경은 무엇보다 하나님을 알게 하는 책이며, 죄인이 하나님께로 나아가는 방법과 그의 모든 축복과 은혜를 받게 하는 안내서이며, 하나님이 사람에게 요구하시는 본분과 목적을 온전히 계시하시는 교과서임을 먼저 인지하는 지혜가 필요한 것이다.

그러므로 우리가 성경을 대할 때 항상 명심해야 할 것은 칼빈이 강조한 바와 같이 "이 말씀은 하나님의 말씀이다"라고 하는 선입관을 가지고 보아야 하며, 그러기에 우리 죄인은 항상 성령의 도우심을 사모하는 겸손한 마음을 가져야 한다.

칼빈은 또한 성경을 가리켜 말하기를 "성경은 성령의 학교이다. 거기에는 알아서 유용하고 또한 필요한 것은 하나도 빠지지 않고 다 기록되어 있다. 그리고 우리가 알아야 할 중요한 것 이외에는 아무것도 가르쳐 주지 않는다"[15)]라고 하였다. 그러므로 성경을 연구하고 해석할 때 반드시 유의할 것은 성경은 성령의 학교이기에 먼저 성령의 도우심을 간구해야 한다는 것이다.

또한 칼빈은 인간의 심령이 성령으로 거듭나고 성령의 충만을

14) 요삼 2절
15) John Calvin, Institutes of the Christian Religion (Philadelphia: Westminster Press, 1967), pp. 727-728.

받기 위해서는 은혜의 보좌 앞으로 순간순간 나아가야 함을 강조한다.

우리는 칼빈이 성경을 가장 명석하게 이해하고 해석하였을 뿐 아니라 그의 신학원리가 철저한 말씀 중심이요 하나님의 주권사상에 입각한 신학이론을 전개했기에 그분의 신학과 방법을 답습하는 것이며, 특별히 하나님의 말씀을 삶에 적용한 훌륭한 말씀원리의 신앙인격을 높이 평가하는 것이다.

이렇게 볼 때 자유주의 신학자들이 칼빈을 비꼬아 예정론자니 독선주의니 하는 차원을 넘어 좀 더 포괄적이며 우주적인 그의 신학원리를 읽게 되는 것이다.

오늘날 무섭게 도전해 오는 현대 신학사조는 어디까지나 그 강조점이 인간에게 있는 바, 이러한 사상은 하나님 주권과 성경에 도전하는 무서운 사상이다. 혁명신학, 해방신학, 흑인신학, 소망의 신학이 그러하고, 오늘날 민중의 신학이 이러한 잡다한 신학들의 부산물로 생겨나게 된 것임을 우리는 주의 깊게 관찰할 필요가 있는 것이다.

1973년 소망의 신학의 대표인 위르겐 몰트만(Jürgen Moltmann)을 한국 신학 대학과 연세대 등에서 초빙하였을 때 그는 소망의 신학을 주제로 강의한 바 있다. 그 후 서남동 박사를 중심으로 소위 '민중신학'이 선언되었는데, 그는 말하기를 "나의 신학의 주제는 분명히 민중입니다. 내가 민중이란 실체를 나의 신학의 중심과제로 설정한 것은 다분히 의도적이라 할 수 있는데 그렇게 한 것은

1974년도부터입니다"[16]라고 하였다.

오늘날 N.C.C. 산하 모든 신학은 이 원리를 토대로 하여 신학 이론을 전개해 나가고 있는데, 이 신학의 특징은 어디까지나 가난과 부자유에서부터 해방되려는 절실한 부르짖음에서 나온 것이며, 민권투쟁과 혁명을 통한 사회의 구조적 변화만이 진정한 유토피아의 지름길임을 믿는 것이며, 그들의 최종 목표(goal)는 오직 지상에서의 더 좋은 삶(better life)이다.

바울은 "십자가의 도가 멸망하는 자들에게는 미련한 것이요 구원을 얻는 우리에게는 하나님의 능력이라"[17]고 기록하였는데, 멸망하는 자들은 십자가의 진리가 미련하게 보일 뿐이며 십자가의 영광을 바라보는 신령한 눈이 가려져 있기 때문에 다만 이 땅에서의 유토피아(Utopia) 건설에만 혈안이 되어 있고 그 이상은 아무것도 없는 것이다.

이들은 또한 신학과 역사를 어디까지나 민족주의적 관점에서 보자는 것이다. 가난과 압박 속에서 태어난 흑인 신학 가운데 '가난한 자'에 대하여 정의하기를 하나님은 가난한 자의 편이라는 것이다.

사실 구약에 보면 하나님은 가난한 자에 대하여 많은 관심을 보이신 것은 사실이지만 '가난'이란 말이 히브리어 원문에는 '안이'(עני)란 단어를 사용하였다.

---

16) 김의환, op. cit., p. 211.
17) 고전 1:18

이 단어는 물질적인 가난보다는 오히려 심령의 가난을 설명할 때에 나오는 것임을 유념할 필요가 있다.

예수님께서 산상보훈의 말씀에서 가난한 자에게 복이 있다고 하실 때에도 전제되는 말씀은 '심령'에 강조점이 있다.

천주교가 성경 한 절을 잘못 해석해서 천 년 이상이나 오류를 범한 것과 같이 자유주의 신학자들도 대 사회적인 활동에만 치중하지 말고 조용히 골방에 앉아 원문 이해에 좀 더 관심을 가지고 연구해야 할 필요를 지적하고 싶다.

예수님께서 가난하셨고 또 가난한 자에 대하여 많은 관심을 보이신 것은 사실이지만, 그러나 진정한 구원과 천국의 영생의 축복은 심령이 가난한 자에게 주어진다고 하는 사실을 예수님은 항상 강조하셨다.

구원은 어디까지나 하나님의 은혜로 되어지는 것이지 가난 때문에, 가난이 원인이 되어서 저들을 구원한다거나 거기에 어떤 혜택(benefit)이 주어지는 것이 아니다. 만약 가난이 원인이 되어 더 많은 하나님의 총애를 입는다면 아브라함이 이 땅에서 받은 축복이나 이삭이 그 해에 농사하여 얻은 백배의 축복을 어찌 하나님께서는 자랑스럽게 여겨 성경에 기록하셨겠는가.

우리는 성경의 교훈대로 가난한 자를 생각하고 저들에게 육신의 빵을 주는 일을 경시해서는 안 될 것이다. 그러나 성경이 더 중요하게 가르치는 원리는 '하늘의 떡 되시는 예수 그리스도'[18]를 강조하는 것이며, '그분 안에 모든 지혜와 지식의 부가 넘치는'[19]

진정한 부요와 영생의 가치를 말하는 것이다.

그러므로 성경의 우선순위를 먼저 깨닫는 지혜가 필요하며, 하나님께서 요구하시는 근본과제가 어디에 있는가를 이해하는 것을 무엇보다 중요하게 생각해야 하는 것이다.

칼빈주의의 권위자인 헨리 미터(Henry Meeter) 박사는 인간의 궁극적인 문제들을 온전히 해결하는 책은 곧 성경이라고 하면서 "하나님은 인간의 어두워진 마음을 깨우치기 위하여 성령님으로 말미암아 성경 속에서 온전하게 기록하여 주셨다"[20]라고 주석하였으며, 워필드(Benjamin Warfield) 박사는 "성경의 권위는 무엇보다 성령으로 말미암아 이룩된 집성물임을 이해하는 데서 주어지며, 하나님은 성경을 통하여 자신의 권위를 나타내실 뿐 아니라 자신이 은혜와 섭리의 하나님이심을 동시에 나타내신다"[21]라고 주석하였다.

이 사실을 깨닫게 되는 것을 칼빈은 하나님이 죄인에게 주신 특별은총으로 보았으며, 이 놀라운 은총을 받은 자는 성령을 통하여 말씀의 원리들을 바로 이해하고 그 말씀의 거울로 하나님을 보며 하나님의 주권과 권위 앞에 겸손하게 무릎을 꿇어야 함을 강조하였다.

---

18) 요 6:35
19) 골 2:3
20) Henry Meeter(박윤선 역), 칼빈주의 (서울: 성광문화사, 1983), pp. 25-26.
21) Benjamin Warfield, The Inspiration and Authority of the Bible (NJ: Presbyterian and Reformed, 1948), pp. 155-156.

II. 《기독교강요》에 표출된 성경관

칼빈의 불후의 명작인 《기독교강요》 전반을 한 마디로 표현한다면 성경의 내용을 그대로 요약(要約)하고 정리(定理)한 것이라 하겠다.

이종성 박사는 칼빈이 《기독교강요》를 쓸 때 "로마서는 초판에 162회, 최종판에는 598회 인용하였으며, 시편은 580회, 마태복음은 542회, 요한복음은 466회, 고린도전서는 428회, 이사야는 324회 그리고 대부분의 서신을 100회 이상 인용하였음을 보아서도 그의 성경관을 가히 짐작하게 된다"[22)]라고 하였다.

칼빈(John Calvin)은 그의 《기독교강요》 서문에서 "성경의 교리들을 단순하면서도 체계적으로 설명하여 일반 성도들로 하여금 성경을 쉽게 이해할 수 있도록 하며, 지도자들에게는 성경을 좀 더 깊이 연구하며 묵상하는 데 도움을 주기 위하여 《기독교강요》를 쓰게 된 것이다"[23)]라고 하였다.

김의환 박사는 《기독교강요》를 말하면서 "칼빈 강요에서 하나님 중심의 성경사상을 보게 되는데, 그는 실로 종교개혁을 신학적으로 정리한 사람이었다. 오늘날 칼빈을 가리켜 종교개혁의 대표적 신학자로 보는 이유는 바로 그의 《기독교강요》 때문이며 《기독교강요》를 떠나서는 개혁주의나 프로테스탄트(Protestant) 신학을

---

22) 이종성, op. cit., pp. 20-71.
23) John Calvin, op. cit., pp. 8-9.

설명할 수 없다"[24]라고 하였으며, 감성적 사상가이며 자유주의신학에도 많은 영향을 끼친 루소(Jean Jacques Rousseau)는 말하기를 "칼빈을 신학자로만 아는 사람은 그의 천재적인 도량을 바로 이해하지 못한 것이다. 그는 현명한 법률 편집에도, 정치계에도 매우 많은 영향을 끼쳤는데 이는 그의 《기독교강요》의 명예로운 업적에서 나온 것이다. 우리는 이 위인을 언제나 존경함으로 기억할 것이다"[25]라고 극찬하였다.

《기독교강요》를 정리해 보면 신관에서부터 시작하여 종말론까지 그 전체가 성경을 근거로 전개되고 있으며, 성경 중심의 신학적인 체계를 구성하였다. 그가 1542년에 출판한 제네바 교회 신앙문답서의 첫 문답에서 인생의 제일 되는 목적은 하나님을 아는 것이라고 하는 대전제로 시작하는데, "하나님을 아는 지식은 원초적으로 사람의 마음 안에 주입되어 있으며 이 지식은 하나님께서 인간을 창조하실 때 이미 모든 사람에게 여기에 대한 관념을 심어 주셨기 때문이다"[26]라고 하였고, 부언하여 말하기를 "인간의 지혜는 두 부분으로 나누어져 있는데 그것은 하나님의 지식과 사람의 지식이다. 이 둘은 여러 면에서 서로 연결되어 있으므로 둘 중에 어느 것이 앞서게 하는지 구별하기 어려우나 이러한 신지식에 대한 감성이나 지성을 가지는 것은 곧 종교적 지식에로 이르게 한

24) 김의환, op. cit., pp. 449-450.
25) Henry Meeter(박윤선 역), 칼빈주의 (서울: 성광문화사, 1983), p. 74.
26) John Calvin, op. cit., pp. 43-44.

다"[27]라고 하였다.

이 말을 요약해 보면, "하나님에 관한 지식과 우리 자신에 관한 지식은 서로 연결되어 있으며"[28](The Knowledge of God and that of ourselves are connected), "자신을 알지 못하고는 하나님을 알 수 없고 하나님에 관한 지식 없이 자신을 알지 못한다. 자신을 바로 알 수 있는 길은 하나님의 임재와 영광을 체험함으로만 가능하다"[29](Without knowledge of self there is no knowledge of God, Without knowledge of God there is no self. When He manifests his glory, we are so shaken by the dread of death-almost annihilated)라는 것이다.

그는 또한 "하나님을 아는 지식은 원래 인간의 마음 깊이 뿌리 박혀 있는데 이것은 다만 경건을 통하여 근접하게 되며 이러한 종교 기능은 임의의 발명품이 아니다"[30](Piety is requisite for the knowledge of God, Knowledge of God involves trust and reverence. There is within the human mind, and indeed by natural instinct, an awareness of divinity)라고 하면서 로마 가톨릭의 경건적 영성교리를 간접적으로 지적하였다.

계속해서 창조와 타락에 대하여 언급하면서 "하나님은 창조 사역에서 자신을 계시하셨으나 그 지식은 부분적으로 무지 또는 악의로 말미암아 질식 혹은 부패되었다"[31](The knowledge of God is

27) Ibid., pp. 44-46.
28) Ibid., p. 35.
29) Ibid., pp. 35-37.
30) Ibid., pp. 39-46.
31) Ibid., pp. 47-49.

Either smothered or corrupted, partly by ignorance partly by malice. God manifested in created works his self disclosure)라고 하면서, "인간은 하나님을 알지 못하며 경배 드리지도 않기 때문에 마침내 미신과 혼란에 빠지게 되며 성령은 사람이 만든 어떤 제사도 거절하신다"[32](The Holy Spirit rejects all cults contrived by men the manifestation of God in nature speaks to us in vain. Man nevertheless failing to know and worship him falls into superstition and confusion)라고 하였다.

특별히 자유주의 신학자들에 의하여 강하게 도전을 받은 예정교리에 대하여 설명하면서도 그는 자신의 해박한 지식이나 사색적인 논리로 항변하지 않고 이디까지나 "성경이 예정을 말하고 있기 때문에 우리도 예정을 말하는 것이며, 그러므로 예정교리에 있어서도 성경이 말하는 데까지 말하여야 하며 성경이 침묵하는 데서 침묵하는 지혜가 필요함을 강조하였다."[33]

종교개혁이 일어난 직후이므로 천주교(Roman Catholic)의 강력한 압박과 박해 가운데 있는 성도들을 말씀 중심의 신앙으로 세우는 것과 그들의 탄압과 교리의 모순성을 프랑스 왕에게 알려 성경의 원리에 입각한 정치와 종교적인 행사를 바로 시행해 나갈 것을 목적으로 《기독교강요》를 쓴다고 하였다.[34]

루터는 어디까지나 인간 구원문제에 초점을 맞추고 이신득의

32) Ibid., pp. 63-65.
33) Ibid., pp. 925-929.
34) Ibid., p. 9.

교리 확립에 주력하였는데, 이것은 당시 가톨릭의 신학적인 혼란과 의식적인 예배에 항거하여 복음의 핵심인 이신칭의 교리를 새롭게 발견한 것이라 하겠다.

그러나 칼빈은 여기서 한 걸음 더 나아가 단순히 개인 구원의 차원을 넘어 구원받은 백성의 도리와 사명, 그리고 그 위에 하나님의 영광에 이르는 차원 높은 신학을 정립하였던 것이다.

그는 또한 성도의 성경적인 생활관과 성경에 입각한 교회관을 확립함으로써 당시 교회의 혼란과 비성경적인 가르침에 대하여 확고한 지침을 수립하였으며, 구속받은 성도의 전 영역에서 하나님 중심 교리와 '주권적 신학'(Sovereignty Theology)에도 크게 기여를 하였던 것이다.

칼빈이 이렇게 말씀을 강조하고 하나님의 영광에 많은 비중을 둔 것은 당시 바젤의 한 도서관을 방문했을 때 성경을 읽는 사람은 거의 없고 자신의 서적들만 읽고 있는 데 격분하였기 때문이라고 한다.

그가 하나님의 부르심을 받았을 때 내가 지은 모든 책들을 불태우라고 한 이유가 여기에 있다고 한다면 그가 얼마나 성경을 사랑하고 말씀 중심의 사람이었나를 가히 짐작하게 되는 것이다.

이렇게 볼 때, 칼빈의 신앙과 신학은 창조론으로부터 삼위일체설, 예정론, 세계관 그리고 국가관에 이르는 전 영역에서 성경의 원리로 통일되어 있다.

《기독교강요》는 크리스천이라면 누구나 한 번은 읽어야 할 필독서라 사료되는 바이다. 본 강요는 당시 종교지도자들은 물론 일반 성도들을 위하여 쓴 것이기 때문에 문체가 쉽고 간결하여 말씀을 이해하는 데 많은 도움이 될 것으로 사료된다.

오늘날 자유주의 신학자들도 칼빈을 연구하고 특히 《기독교강요》를 깊이 탐독한다고 한다. 장로교의 진정한 원조(元祖)가 되는 칼빈의 불후의 명작품인 이 책을 꼭 한 번 읽고 이해하여 그분이 그토록 소원하며 외치던 "말씀으로 돌아가자" "모든 영광을 하나님께"라는 슬로건이 우리의 진정한 신앙고백이 되고, 말세를 맞은 어두운 시대에 우리의 심령이 말씀으로 다시 한 번 새롭게 되어 성삼위 하나님께 모든 존귀와 영광을 돌리는 차원 높은 신앙과 신학원리를 세워나가야 하겠다.

III. "Stone Lecture"에서 보여 준 성경관

칼빈주의의 권위자인 아브라함 카이퍼(Abraham Kuyper)[35] 박사는 그의 유명한 '스톤 강의'(Stone Lecture)[36]에서 "칼빈의 신학은 언

35) 정성구, 개혁주의 인명사전 (서울: 총신대학 출판부, 2001), pp. 588-589. A. Kuyper(1837-1920)는 화란의 칼빈주의 기독교 정치가이자 암스테르담의 자유대학을 설립하여 초대 총장으로 취임하였고, "영역 주권 사상"(Souvereiniteit in eigen Kring)이란 제하에서 "인간존재의 전 영역에서 만물의 주권자이신 그리스도에게 속하지 아니한 것은 하나도 없다"는 강의를 한 후 미국 프린스턴 대학으로부터 명예 법학박사 학위를 수여받았다.

36) Abraham Kuyper(박영남 역), op. cit., pp. 10-22.
Princeton Seminary에서 한 주간 특강을 제의받고 강의한 내용의 주제임.

제나 성경적이었고 특별히 자유주의 신학자들의 비판의 대상이 되는 예정론 교리에 있어서도 항상 칼빈은 성경적인 원리와 방법으로 결론지었다"[37]라고 하였다.

그는 이 강의에서 칼빈의 《기독교강요》를 중심으로 칼빈주의의 여섯 가지 대 원칙을 내놓았는데 그것을 요약 정리해 보면, 첫째로 "모든 우주는 하나님의 피조된 세계이며 특별히 만물 창조에 있어서 성경은 참 신과 거짓 신들을 명백하게 구별하여 주었다"[38](Even in the creation of the universe and of all things scripture by unmistakable distinguishes the true God from false gods)라고 하였다.

하나님의 주권영역에 있어서 칼빈은 말하기를 "실제는 마귀의 정체가 하나님의 권능하에 있다. 타락한 인간의 본성은 그의 영혼이 거의 부패하였으나 그러나 아직 하나님의 형상을 지니고 있다"[39](Scripture forearms us against the adversary and The devil stands under God' s power. Man' s nature deformed yet his soul bears though almost obliterated the image of God)라고 하였으며, 또한 "하나님 형상의 참 성질은 그리스도로 말미암아 회복된다고 성경은 말한다. 하나님은 인간을 순결하게 창조하셨으므로 인간은 죄에 대한 책임을 창조주에게 돌릴 수 없다"[40](Man proceeded spotless from God' s hand; therefore he may not shift the blame for his sins to the creator)라고 하였다.

---

37) Ibid., pp. 10-14.
38) Ibid., pp. 24-27.
39) John Calvin, op. cit., pp. 159-163.
40) Ibid., pp. 176-178.

계속해서 카이퍼(A. Kuyper) 박사는 강조하기를 "하나님 앞에 죄를 범한 죄인은 자신의 한계를 깨닫고 겸손한 신앙고백으로 주님 앞에 나아가 긍휼과 자비를 구해야 하며, 날마다 신령한 눈을 열고 성령께서 주시는 은혜와 말씀의 거울 앞에서 세계를 보고 세상을 판단하는 지혜를 구해야 한다"[41]라고 부언하였다.

특별히 칼빈의 예정론 교리가 편협하다는 비판을 받고 있음에 대하여 변호를 시작하였는데, "칼빈의 신학은 언제나 성경적이었으며 그의 인생관 역시 성경적인 원리에서 벗어나지 않았다. 우리는 칼빈의 원리대로 성경이 예정을 말하므로 예정을 말해야 하며, 성경이 시작하는 데서 시작하고 성경이 진행하는 데서 진행하고 성경이 침묵하는 데서 침묵하는 원리를 따라가야 한다"[42]라고 역설하였다.

선택교리에 있어서는 "그것이 공로에 의한 것이 아니라 하나님의 주권적인 목적에 기인한다. 결국 선택도 하나님의 소명으로 확인되는 것이며, 예지로부터가 아닌 하나님의 주권적 목적에 기인한다"[43](Election is confirmed by God' s call; the wicked bring upon themselves the Just destruction to which they are destined, Election is not from foreknowledge of merit but is of God' s sovereign purpose)라고 하였다.

41) Abraham Kuyper, op. cit., p. 183.
42) Ibid., pp. 33-35.
43) John Calvin, op. cit., p. 932.

심지어 유기(遺棄)에 관하여서도 "분명히 그것은 하나님의 의지의 한 행동이며 주권 안에 있다"[44](Reprobation the concomitant of election and an act of God's will)라는 것으로 결론지었다.

카이퍼는 계속해서 칼빈의 신관을 설명하면서 "우리의 영적 생명 전체가 하나님 자신에게 달려 있으므로 우리의 삶 전체는 코람데오(Coram Deo) 즉 하나님 면전에서라는 칼빈의 대 원리를 그대로 수용해야 하며, 하나님께서 피조물 위에 주권적으로 높이 계신 분임에도 불구하고 성령을 통하여 피조물과 직접적인 교제를 나누기를 원하시는 하나님으로 소개하였다."[45]

또한 종교개혁을 평하면서, 루터의 출발점은 이신칭의라는 주관적이며 인간론적인 원리를 제시한 반면 칼빈은 좀 더 포괄적이며 하나님의 주권이라는 대전제 아래 일반적이면서도 우주적인 원리를 제시했다고 하였다.

그는 이 강의 서두에서 "나는 칼빈주의에서 모든 궁금점이 해결되었고 마음에 진정한 평안을 찾았다"[46]고 하면서 자신의 신앙간증을 시작하였는데, 청소년 시절 신앙에 대한 회의와 갈등이 싹트기 시작했을 때 그는 칼빈이 쓴 《기독교강요》와 주석을 읽으면서 신의 존재와 미래에 대한 확신을 체험하게 되었다고 하였다.

또한 카이퍼 박사(Dr. Kuyper)는 자신의 스승 휴엣(Busken Huet)

---

44) Ibid., pp. 947-955.
45) Abraham Kuyper, op. cit., pp. 93-99.
46) 정성구, op. cit., p. 14.

박사의 말을 인용하면서 "칼빈주의의 후예인 청교도들에게는 확고한 신념과 미래에 대한 비전을 심어 주었으며 미합중국의 번영에 대한 동력을 주었다"[47]라고 설명하였다.

그러므로 칼빈주의는 천주교(Romanism)나 루터주의가 할 수 없는 차원 높은 세계관과 성경관을 제공하였으며, 기독교의 독특하고도 숭고한 사상을 인류에게 제공하였음을 강조하였다.

로마 교회는 교직과 계급제도에 얽매여 관습적인 틀에서 벗어나지 못하고 말씀의 오용으로 인하여 하나님의 주권과 영광을 인간의 소유물로 전락시켰고, 루터주의는 아직도 완전히 구습에서 벗어나지 못하고 방황 중에 있을 때, 칼빈주의는 하나님 중심 사상과 주권(Sovereignty)사상 그리고 하나님께 드려져야 할 모든 존귀와 영광에 이르는 완벽한 신학을 정립했으며 인간의 자유와 행복, 자연과 은총, 예술과 과학, 미래에 대한 확신 그리고 우주관과 세계관에 이르기까지 광범위한 차원의 신학을 이룩하였다[48]고 결론지었다.

로마 가톨릭은 교황의 절대 권력 앞에 교직과 계급제도, 미사 그리고 고해성사 등이 있지만 이것들은 모두 하나의 금욕적인 사상에 지나지 않는다.

하나님은 교회라는 매개체(middle-link)에 의하여 피조물과 사귐에 들어가며, 교회는 신비적인 유기체가 아니고 가시적, 가지적 그

47) Abraham Kuyper(박영남 역), op. cit., p. 27.
48) Ibid., pp. 227-254.

리고 유형적인 제도로 섭리하신다.

칼빈주의의 하나님은 피조물을 초월하여 지극히 높은 곳에 계시지만 항상 성령으로 피조물과 직접적인 사귐에 들어가기를 원하신다. 그러므로 인간 존재의 순간순간마다 모든 영적 생활을 이끄시고 주장하시는 성령의 인도를 받음으로만이 하나님의 무한하시고 신비한 영적인 은사들을 체험하게 되는 것이다.

오직 하나님께 영광(Soli Deo Gloria)이란 말은 그 출발점이 아니라 결과였으며, 예정론이 강하게 주장되었던 것도 인간과 인간의 사이를 가르거나 개인적인 어떤 영광에 두지 않고 살아 계신 하나님과 인간의 내적 자아에 대하여 영원에서 영원에 이르는 직접적인 교통을 보증하기 위함이었다.

그러므로 칼빈주의가 목표로 하는 것은 천주교(Romanism)의 인본적이며 마귀적인 이론에 정면 반대하여 우리의 영혼과 하나님 사이에 존재하는 어떠한 기관이나 교회의 권위도 제거하고자 하는 것이다. 교회는 어디까지나 교직에 의해서나 의식에 의하여 존재하는 것이 아니라 신자 각자가 교회이며, 진실한 신앙고백에 의하여 전능자이신 하나님과 직접 교제에 들어가게 되는 것이다.

이와 같이 칼빈주의자들은 언제 어디서나 시대 시대의 생활의 중심을 형성하여 왔으며 세계를 움직이는 변화의 주역들이었다. 그들은 항상 사회의 각계각층의 사람들을 불러 영원한 존재자이신 하나님과의 교통을 시작하게 했으며, 살아 계신 하나님을 마음속에 체험케 함으로써 인간의 생활 전반에서 하나님의 현존(in the Divine Presence)을 의식하며 살아가도록 확신을 주어 왔던 것이다.

라틴어 "Coram Deo"(하나님의 면전에서)는 칼빈 선생의 삶의 원리요 신학의 기초였다. 죄인은 언제 어디서나 하나님 앞에서 산다고 하는 믿음 위에 서 있어야 하며, 겸손한 신앙인격으로 하나님 앞에 나아가는 신전의식이 항상 그의 인격과 사상을 지배하고 있었던 것이다.

이 점에 있어서 정성구 교수는 "인간의 근본적인 타락은 하나님 대신에 피조물을, 하나님 대신에 물질을, 하나님 대신에 과학을 그리고 하나님 대신에 인간이성을 대치시킨 데서부터 온 것인데, 결국 칼빈주의 사상은 본래의 창조질서대로 하나님을 하나님으로 바로 섬기도록 하자는 것이다"[49]라고 적절한 표현을 하였다.

이러한 정신으로 서로를 섬기며 나아갈 때 순수한 인간적 이해관계에 들어갈 것이며, 인류의 평등한 지위와 신분 아래 모두가 하나가 될 것이며 하나님은 영광을 받으실 것이다.

칼빈주의의 평등관과 프랑스 혁명의 평등관의 차이는, 후자 즉 프랑스의 르네상스는 하나님을 반역(against God)하는 행위로 끝이 났으나 칼빈주의의 평등관은 인간의 심령 속 깊은 곳에 감동과 감격을 주어 하나님의 존전(before God)에서 부한 자나 가난한 자의 구별 없이 함께 무릎을 꿇게 했으며, 하나님의 영광에 이르는 차원 높은 신앙고백으로 나타났던 것이다.

칼빈은 또한 특수은총과 일반은총이라는 대 원칙을 수립하여

---

49) 정성구, 개혁주의 사상 강연집 (서울: 총신대학 출판부, 1982), p. 14.

놓았는데, 특수은총이란 구원의 역사(役事)가 주안점이며 일반은총은 하나님이 세계의 질서를 유지하시며 그 위에 놓여진 저주를 경감하시고 하나님을 알 만한 것을 저희(세상) 속에 보이시고 창조자로서 인정하게 하신 은총을 말한다.[50)]

한 걸음 더 나아가 칼빈주의는 인류 발전의 중심적 분야에 서서 생활 전반을 지배하는 특수한 원리를 제시함으로 인류문명에 앞장을 서면서 가는 곳마다 찬란한 문화를 꽃피웠던 것이다.

카이퍼는 계속해서 휴엣(Busken Huet) 박사의 말을 인용하여 "스위스에서, 불란서에서, 화란에서, 스코틀랜드에서, 잉글랜드에서 그리고 어느 곳에서든지 칼빈주의가 가는 곳에는 자유의 천지로 만들었으며 그 사회가 번영하고 계몽되었다. 이제 우리 두 대륙의 칼빈주의자들이 보다 거룩한 싸움에서 용사적인 행동을 성취할 것을 기대함과 동시에, 시대정신에 입각한 십자가의 깃발 아래 진격한다면 하나님의 무궁하신 계획이 칼빈주의적 세계관으로 통일되고 말씀의 승리가 주어질 것으로 확신한다"[51)]라고 하면서 그의 "Stone Lecture" 강의는 결론을 맺는다.

---

50) 롬 1:19-20 참조.

51) Abraham Kuyper, op. cit., pp. 26-36.

3 성경 해석의 원리

성경은 일반서적과는 다른 초자연적인 성격을 지니고 있으며 하나님의 영감으로 기록된 책임을 먼저 인지(認知)함으로써만이 칼빈주의의 해석원리는 시작된다.

그러므로 성경 해석은 인간적인 방법이나 주관적인 지식과 감정이 개입되지 않도록 각별히 주의하고, 성경 저자의 의도와 목적을 최대한 살리기 위하여 심도 있는 관찰과 성령의 인도와 도움을 받아야 한다.

이 점에 있어서 해석학의 권위자 버나드 램(Bernard Ramm) 박사는 "성경이 성경을 해석하게 하자"[1](Scripture interprets scripture)라

---

1) Bernard Ramm(권혁봉 역), 개혁주의 성경 해석 (서울: 생명의 말씀사, 1974), p. 135.

는 대 원리를 내놓았던 것이다.

박형용 박사는 말하기를 "성경 해석은 성경은 하나님의 말씀이라고 하는 믿음이 기초되어야 한다. 이 믿음은 성경 본문과 하나님과의 관계를 분명히 하여 주며 성경에 나타난 하나님의 속성을 바로 이해할 수 있게 한다"[2]라고 하였다.

마이클슨(Mickelsen) 교수는 "원래 해석학(Hermeneutics)이란 단어는 희랍어 '헤르메뉴오'(*ἑρμενεύω*)에서 유래되었는데, '해석하다' '설명하다'를 의미한다. 그러므로 해석학이란 말은 해석에 관한 학문과 기법을 동시에 지칭하는 것이다"[3]라고 하였다.

사도행전 14장 12절에 보면 바울 사도가 말씀을 풀어 설명하고 능력을 행했을 때 그 지방의 사람들이 허메(Herme) 신이라는 명칭을 붙여 주었는데, 허메 신은 신들의 메시지(message)를 사람들에게 설명하고 해석하는 예술의 신으로서 고대 희랍인들에게 있어서는 최고의 신에게 붙여 주는 존칭어였다.

이처럼 성경 해석이란 용어가 처음부터 신성한 면을 가지고 시작하는 것은 성경의 해석이란 일반적인 면을 초월하는 신비한 차원의 성격이 있음을 증명해 주는 것이라 하겠으며, 하나님의 말씀인 성경을 바로 해석하고 설명한다는 것이 얼마나 중요한 위치에 있는가를 나타낸다.

---

2) 박형용, 성경 해석의 원리 (서울: 합동신학 출판부, 2005), p. 110.
3) Mickelsen(김인환 역), 성경해석학 (서울: 크리스챤 다이제스트, 1996), p. 15.

그러므로 하나님의 말씀을 바로 해석하고 설명하는 이 귀한 사명은 무엇보다 중요한 사명임을 깨달아야 할 것이며, 성령으로 영감된 말씀을 바로 해석하고 전달하기 위하여는 부단히 기도하며 묵상하면서 연구하는 마음과 자세가 선결되어야 하는 것이다.

칼빈은 그의 강요 초두에서 "하나님의 지식이 모든 지식의 선결이 되어야 한다"[4]라고 하였으며, 박윤선 박사는 "인간이 자기의 지혜로는 하나님을 이해할 수 없으며 오직 하나님의 영감으로 기록된 계시에 의해서만 이해하게 된다"[5]라고 하였다.

이 점에 있어서 던(James D. Dunn) 교수는 "성경에서 신적 영감을 말하고 있는 것은 사실이나 그것이 성경의 무오를 증명하는 것은 아니다"[6]라고 하였는데, 이것은 "인간의 이성이나 감정을 초월해 계시는 하나님을 성경의 저자로 인정하는 신적 영감사상"을 격하하는 행위임을 지적하고 싶다.

우리는 여기서 사도 바울의 말씀 "모든 지각에 뛰어난 하나님의 평강이 그리스도 예수 안에서 너희 마음과 생각을 지키시리라"[7]고 하는 영구불변하신 하나님의 음성에 귀를 기울여야 하겠다.

그러므로 성경해석자는 먼저 자신이 죄의 자손이요 존재가치가

---

4) John Calvin, Institutes of the Christian Religion (Philadelphia: Westminster Press, 1967), p. 35.

5) 박윤선, 성경신학 (서울: 영음사, 1974), p. 11.

6) James D. Dunn, The Living Word (Philadelphia: Fortress Press, 1987), pp. 89-95.

7) 빌 4:7

없는 피조물임을 깊이 인식하고, 모든 지각에 뛰어나신 하나님을 의존하는 마음자세로 항상 성령의 도우심을 간구해야 할 것이다.[8]

자율주의자들은 하나님의 지혜와 계시에 의존하지 않고 항상 자신의 지혜를 하나님의 권위와 같은 좌소에 놓는다. 태초 인간의 타락이 바로 이러한 위험한 사상에서 온 것인데, 이 점에 있어서 반틸(Cornelius Vantil) 교수는 "자율주의적 이원론사상은 하나님의 절대적 권위를 무시하는 무서운 죄악의 온상이다"[9]라고 지적하였다.

그러므로 하나님의 영감된 성경계시를 바로 해석하기 위하여 우리는 사도 바울과 같은 겸손한 마음으로 말씀 앞에 무릎을 꿇는 습관을 길러야 할 것이며, 그 말씀을 바로 분변하기 위하여 항상 성령의 지혜를 간구하여야 하겠다.

---

8) 고전 2:10
9) Cornelius Vantil, A Survey of Christian Epistemology 11 (Philadelphia: Westminster Press, 1998), pp. 20-21.

4 성경의 영감

성경은 정확무오한 하나님의 말씀이며 성령의 영감으로 기록된 불변의 진리임을 믿는 기초 위에서 기독교는 시작한다. 바울은 기록하기를 "모든 성경은 하나님의 감동(θεόπνευστος)으로 된 것이라"[1]고 하는 대 원칙을 내어 놓았다.

이 점에 있어서 마이클슨(A. Mickelsen) 교수는 "성경은 영감된 하나님의 말씀임을 먼저 인정해야 한다. 왜냐하면 성경은 하나님이 이전 세대에게 전달한 진리를 후 세대가 알 수 있도록 하기 위해 보존할 필요가 있다고 생각하는 모든 것을 포함하고 있기 때문이다"[2]라고 하였으며, 계속해서 부언하기를 "성경은 영감 받은

1) 딤후 3:16
2) A. Berkeley Mickelsen(김인환 역), 성경해석학 (서울: 크리스챤 다이제스트, 1996), pp. 127-131.

책이기 때문에 유일한 책이다. 그 영감에 관한 이유는 인간들에게 살아 계신 하나님과의 살아 있는 만남을 갖도록 하기 위해서이다"[3]라고 적절한 표현을 하였다.

하나님께서는 성경을 기록하기 위하여 그 종들을 택하시고 무엇보다 먼저 저들을 성령으로 거듭나게 하신 후 성경을 기록하게 하셨다.

디모데후서 3장 16절에 "모든 성경(*πâσα γραφή*)은 하나님의 감동(*θεόπνευστος*)으로"라는 말씀에서, '파사'(*πâσα*)는 보수계 학자들 사이에도 약간의 견해 차이를 보이고 있다. 즉 집합적인 개념으로 생각하는 전체(all)로 해석하는 것과, 개별적인 면을 강조하는 전체(every)를 의미하는 해석인데, 워필드(Benjamin Warfield) 교수는 양자가 다 의미가 있다고 하면서도 후자 즉 "개별적 개념에 비중을 둔다"[4]라고 하였으며, 여기에 반하여 벌코프(Louis Berkhof) 교수는 "개별적 면을 강조하게 되면 성경의 어느 부분은 영감되고 어느 부분은 영감되지 않았다고 하는 사상을 인출해낼 가능성이 있으므로 여기서 '모든'은 집합적 개념의 전체(all)로 보아야 할 것이다"[5]라고 하였다.

---

3) Ibid., pp. 129-131.
4) Benjamin Warfield, The Inspiration and Authority of the Bible (Philadelphia: The Presbyterian and Reformed Press, 1948), p. 134.
5) Louis Berkhof, Manual of Christian Doctrine (Grand Rapids: Eerdmans Press, 1973), pp. 43-44.

이 점에 있어서 좀 더 주의하면서 살펴야 할 단어는 "하나님의 감동"(*θεόπνευστος*)이라는 말인데, 여기에 대하여 한글번역은 원문의 뜻을 온전하게 반영하였다고 볼 수 없다.

본문에서 '데오프뉴스토스'(*θεόπνευστος*)의 원문이 주는 의미는 감동이란 의미를 훨씬 능가하는 '신적인 개념'이 함축되어 있다.

이 점에 대하여 박형용 박사는 "영감이란 인간적 천재성 이상의 차원의 것이다. 그러므로 실제 영감이란 오직 성경 가운데서만 나타난다. 셰익스피어가 영감이란 말을 사용하였지만 성경을 500회 이상 인용한 것을 보면 그의 영감사상은 성경에서 온 것이다"[6]라고 하였고, 하틸(J. Edwin Hartill) 박사는 "셰익스피어의 영감사상은 부분적인 영감을 의미하는 것이며, 우리가 믿는 영감은 전 성경이 하나님의 말씀이요 성경의 완전 영감을 믿는다"[7]라고 하였다.

감동이란 의미는 인간이라면 누구나 경험할 수 있는 마음의 도전 또는 깊은 감명 그 이상이 될 수 없다고 본다. 사람의 교화나 설득에도 쉽게 감동을 받기도 하고 세속적인 시(詩)를 감상하면서도 감동을 받는 그러한 차원이 아니라, 본문에서 보여 주는 '데오프뉴스토스'(*θεόπνευστος*)의 진정한 의미는 '하나님 자신' 또는 '하나님의 영감'으로 보아야 한다.[8]

이와 같이 성경은 영감된 하나님의 말씀이므로 말씀들마다 각

---

6) 박형용, op. cit., p. 13.
7) J. Edwin Hartill(이주영 역), 해석학의 원리 (서울: 성광문화사, 1986), p. 13.
8) 최근 출판된 개역개정판은 원문의 뜻을 잘 반영하였다고 본다.

기 특성이 있고 일반 서적과는 차원이 다른 신적이며 유일한 책이라 할 수 있다.

하나님이 사람에게 영감을 주셔서 기록하게 하신 이유는 사람들로 하여금 살아 계신 하나님을 말씀을 통하여 체험케 하시고, 그 하나님을 바로 알고 섬길 수 있도록 배려하신 것이다.

그러므로 칼빈은 그의 《기독교강요》 서두에서 "인생에게 있어서 무엇보다 우선 요구되는 지식은 하나님을 아는 지식이다"[9]라고 하였던 것이다.

성경을 해석하는 일에 있어서 하나님의 영구불변하신 말씀의 영감설을 바로 정립하고 말씀의 기초 위에 세우는 작업이야말로 다른 어떠한 과제보다 우선이 되어야 하겠다.

마이클슨(Mickelsen) 교수는 말하기를 "우리는 성경이 성경 자체의 영감에 관해 직, 간접으로 말씀하는 내용을 연구해야 하며 성경의 저자들이 실제로 주장하려고 하는 것이 무엇인가를 면밀히 관찰하면서 그들의 기록이 영감의 본질과 영감의 사실에 관한 성경의 말씀을 이해하는 데 도움이 되는가를 고찰해야 한다"[10]라고 적절한 표현을 하였다.

베드로 서신은 성경의 영감과 영감을 받은 사람들이 어떠한 마음으로 그 말씀을 기록하고 말하였는가를 보여 준다. "먼저 알 것은 경의 모든 예언은 사사로이 풀 것이 아니니 예언은 언제든지

9) John Calvin, op. cit., pp. 35-36.
10) A. Mickelsen(김인환 역), op. cit., p. 127.

사람의 뜻으로 낸 것이 아니요 오직 성령의 감동하심을 입은 사람들이 하나님께 받아 말한 것임이니라"[11]고 하신 말씀은 성경기자들이 모두 하나님이 지시하실 때 긴박관념을 갖고 기록하였으며, 신적인 능력을 받은 사람으로서 말씀을 받고 또한 기록하였음을 보여 주고 있다.

영감은 또한 선포되거나 기록된 말씀들을 포함한다: 바울은 "우리가 이것을 말하거니와 사람의 지혜의 가르친 말로 아니하고 오직 성령의 가르치신 것으로 하니 신령한 일은 신령한 것으로 분별하느니라"[12]고 기록하였는데, 이 점에 대하여 마이클슨(A. Mickelsen) 교수는 말하기를 "말씀은 성령을 소유한 사람들에게 영적 진리를 전달하는 도구임을 보여 준다. 그러므로 성령의 가르치신 말씀들은 인위적으로 분석되어서도 안 되고, 문맥에 대한 고려가 없이 원자론적으로 검토되어서도 안 된다"[13]라고 적절한 표현을 하였다.

결국 영감이란, 하나님의 택하신 종들로 하여금 기록하게 하실 때, 먼저 성령으로 충만하게 영감하신 후 하나님께로부터 받은 대로 기록됨을 의미하며, 모든 성경은 사람의 지혜로 아니하고 오직 하나님의 지혜와 계시로 말미암아 기록된 말씀이기에 인간이 사사로이 풀거나 해석해서는 결코 안 된다는 것이다.

---

11) 벧후 1:20-21
12) 고전 2:13
13) A. Mickelsen(김인환 역), op. cit., p. 128.

성령의 영감으로 기록된 하나님의 말씀을 해석하고 그 말씀을 통하여 살아 계신 하나님을 만나고 체험할 수 있는 데까지 나아가기 위해서는 성경에서 항상 그 원리를 찾고 해석할 수 있어야 하겠다. 그러므로 성경해석자에게는 하나님의 말씀을 순수한 마음으로 겸손하게 대하는 자세와 성령의 지혜와 도움을 간구하는 마음자세가 필요한 것이다.

고린도후서에 기록하기를 "우리는 수다한 사람과 같이 하나님의 말씀을 혼잡하게 하지 아니하고 곧 순전함으로 하나님께 받은 것같이 하나님 앞에서와 그리스도 안에서 말하노라"[14]고 하였는데, 여기서 '순전함으로' '하나님 중심'이라는 단어가 강조되고 있다.

이 점에 있어서 마이클슨(A. Mickelsen) 교수는 "그러므로 성경해석자는 무엇보다 순수한 동기와 목적을 가지고 해석해야 할 필요가 있다"[15]라고 하였다.

하나님께서는 성경을 기록하게 하실 때 인간을 방편으로 사용하셨으나 언제나 성령을 저들에게 충만히 부어 주셔서 인간의 이성이나 주관이 개입되지 못하게 하셨다.

여기에 대해 박형용 박사는 "그러므로 성경은 신적이면서도 인적 양면성을 지닌 신비한 책이라 할 수 있다"[16]고 하였던 것이다.

---

14) 고후 2:17
15) A. Mickelsen(김인환 역), op. cit., pp. 16-17.
16) 박형용, 성경 해석의 원리 (서울: 합동신학 출판부, 2005), p. 111.

일찍이 하나님께서는 예레미야 선지자를 통하여 성령으로 거듭나게 하신 후 "너는 두루마리 책을 취하여 내가 네게 말하던 날 곧 요시야의 날부터 오늘까지 이스라엘과 유다와 열방에 대하여 나의 네게 이른 모든 말을 그것에 기록하라"[17]고 명령하셨으며, 이사야 선지자를 통하여는 "너희는 여호와의 책을 자세히 읽어보라 이것들이 하나도 빠진 것이 없고 하나도 그 짝이 없는 것이 없으리니 이는 여호와의 입이 이를 명하셨고 그의 신이 이것들을 모으셨음이라"[18]고 말씀하셨다.

성경의 반복되는 주제는 하나님의 주권과 예수 그리스도를 통한 구원 그리고 성령의 내조와 인도하심에 항상 초점을 맞추고 있음에 대하여 특별히 유의해야 한다.

여기에 대하여 해석학의 권위자인 맥퀼킨(Robertson Mcquilkin) 박사는 "성경의 기원이 성삼위 하나님이시므로 신약과 구약의 모든 부분이 하나의 조화로운 통일성을 형성한다. 신약의 저자들은 거의 모든 부분을 구약의 책으로부터 인용했으며 그 주제는 구속이라는 단일 계시로 일관된다"라고 하였다.[19]

성경에서 계시를 지시하는 몇 가지 단어 중 '아포칼립토'(*ἀποκαλύπτω*)와 '파내로오'(*φανερόω*)가 있는데, 이 두 단어는 성경에서

---

17) 렘 36:2
18) 사 34:16
19) Robertson Mcquilkin(송용조 역), 성경의 이해와 적용 (서울: 성경학교 출판부), p. 24.

가장 많이 사용된 용어이다. 여기서 '$\dot{\alpha}\pi o\kappa\alpha\lambda\acute{\upsilon}\pi\tau\omega$'는 'uncover', 즉 '감추인 덮개를 벗긴다'[20]는 의미가 있고, '$\phi\alpha\nu\epsilon\rho\acute{o}\omega$'는 '비밀을 드러내어 비추어 준다'[21]고 하는 'to shine'의 역할을 한다.

그러므로 성경의 계시는 하나님께서 인간에게 감추어 놓은 것을 나타내 보이시고 그것을 드러내어 밝혀 주는 행위라고 정의할 수 있는 것이다.

반틸 교수는 이 부분을 설명하면서 "하나님은 자연계시를 통하여 자신을 계시하셨으나 죄로 말미암아 저주와 죽음 아래 있는 인간에게는 하나님의 감추어 놓은 비밀을 나타내시는 특별계시가 필요하였던 것이다"[22]라고 하였다.

그러므로 독생자 예수 그리스도를 구세주로 소개하기 위해서는 특별계시가 필요하였고, 그 독생자를 영접하는 자에게 자신을 온전히 알려주시고자 하나님은 계획하신 것이다.

이 귀한 말씀을 기록하여 우리에게 전달하기 위하여 하나님은 많은 관심과 시간을 배려하시고, 종들을 세우셔서 그들로 하여금 성령을 충만히 부어 주시어 1,500년 이상의 세월 동안 말씀의 계시를 기록하게 하시고 여러 모양과 방법을 총동원하셨던 것이다.

우리는 어디까지나 성경을 대할 때 선지자들과 사도들의 겸허한 마음으로, 주야로 그 말씀을 묵상하며 연구하는 자세가 선결되

---

20) Harper & Row, Analytical Greek Lexicon (New York: Harper and Row Pub), p. 42.

21) Ibid., p. 422.

22) Cornelius Vantil(이승구 역), 개혁주의 신학서론 (서울: 기독교문서선교회, 1999), pp. 180-189.

어야 하겠으며, 영감된 하나님의 살아 역사하는 말씀을 말씀대로 해석하는 원리를 가르쳐 이 말씀을 통하여 십자가의 복음이 땅 끝까지 전파될 수 있도록 지혜와 뜻을 모아야 하겠다.

5 성경해석자

Ⅰ. 해석자의 기본 원리

바울 사도는 사랑하는 제자 디모데에게 보낸 편지에서 "네가 진리의 말씀을 옳게 분변하며 부끄러울 것이 없는 일꾼으로 인정된 자로 자신을 하나님 앞에 드리기를 힘쓰라"[1]고 권면하였는데, 여기서 '옳게 분변하며'와 '힘쓰라'에 강조점이 있다.

무엇보다 하나님의 말씀인 성경을 해석하는 해석자는 그 진리의 말씀을 바로 깨닫고 이해할 수 있어야 하는데, 여기서 '옳게 분변하라'고 하는 '올도토문타'(*ὀρθοτομοῦντα*)는 '올도토매오'(*ὀρθοτομέω*)의 현재 분사형으로서 '바로 자른다', 즉 'cut straight'의 의미

1) 딤후 2:15

를 지니고 있다.

이 말은 성경을 바르게 분변하라고 하는 뜻도 되지만 마치 칼로 자르듯이 예리하고 정교하게 해석하여야 한다는 말씀이다.

히브리서에서 주신 말씀 "하나님의 말씀은 살았고 운동력이 있어 좌우에 날선 어떤 검보다도 예리하여 혼과 영과 및 관절과 골수를 찔러 쪼개기까지 하며 또 마음의 생각과 뜻을 감찰하나니"[2]와 비교해 보면 좀 더 분명하게 의미를 파악(把握)하게 된다.

또한 '힘쓰라'고 하는 단어 '스푸다손'(*σπούδασον*)은 너의 할 수 있는 최선(best)을 다하라는 뜻이 있는데, 이와 같이 성경해석자는 하나님의 말씀을 연구하고 해석할 때 자신에게 주어진 모든 은사와 수단과 방법을 총동원하여 그 말씀에 몰입하여야 할 것을 권면하신 말씀임을 유의하여야 하겠다.

그러므로 성경해석자는 먼저, 성경은 하나님께서 인간을 통하여 기록하게 하신 말씀이므로 일반서적과는 근본적으로 차이가 있을 뿐 아니라 전능하신 하나님께서 죄인을 구원하시기 위한 목적으로 주신 차원이 높은 정경인 것을 확신하는 믿음이 기초되어야 한다.

마이클슨(A. Mickelsen) 교수는 말하기를 "성경해석자는 자신의 이성이나 감정에 앞서서 계시의 의미를 왜곡시키지 않도록 세심한 주의가 요청된다. 그 이유는 성경은 역사, 잠언, 민족들, 제도

---

2) 히 4:12

들만이 아니라 하나님의 참된 메시지 곧 계시를 포함하고 있기 때문이다"[3)]라고 하였다.

그러므로 성경을 대할 때는 개인의 경험이나 주관적 지식은 항상 상황에 따라 변할 수 있는 위험성이 도사리고 있기 때문에 무엇보다 먼저 자기의 주관을 버리고 항상 말씀에 따라서 사고하고 해석하는 객관성을 유지하여야 한다.

언제든지 성경해석자는 권위 있는 주석이나 참고서를 인용할 수 있는 여유와 마음가짐이 중요하며, 내가 체험하지 못하고 깨닫지 못한 부분에 대하여 다른 사람의 장점이나 귀한 은사들은 기꺼이 수용할 수 있는 포용성도 요구되는 것이다.

박형용 박사는 말하기를 "성경해석자의 자격은 우선 말씀에 열정이 있고 성령의 도우심과 인도하심에 복종할 수 있어야 하며 무엇보다 인격적으로는 건전한 정신과 균형 잡힌 마음, 그리고 지적으로는 전문적인 교육을 받은 자, 즉 성경 기록 당시의 어원적인 배경, 정치적 상황과 고고학적 이해가 충분히 있어야 한다"[4)]라고 하였다.

그러므로 성경을 여러 각도에서 심도 있게 연구한 후에는 이스라엘 민족과 타 민족과의 상호교류나 인종적 분파 갈등, 더 나아가 종교적인 관계 등 다양한 방면에서 심도 있는 관찰과 연구가 요구된다.

---

3) A. Mickelsen(김인환 역), op. cit., pp. 15-16.
4) 박형용, op. cit., pp. 160-168.

마이클슨(A. Mickelsen) 교수는 해석자가 갖추어야 할 기본 원리를 다음과 같이 요약 정리하였다.[5]

1. 해석되고 있는 부분과 관련이 있는 민족이나 백성들을 파악하라.

2. 어느 시대가 해석되어야 할 자료의 가장 적절한 시간적 배경인가를 결정하라.

3. 지리적 배경을 제공하는 장소나 지역들을 점검하라.

4. 기사 속에서 증거되는 물질문화의 대상들 또는 사회적인 종교관계들을 주목하라.

5. 경제의 안정이나 불안정을 야기한 세력들을 검토하라.

6. 기사가 주변 환경들을 어떻게 초월하고 있는지를 살펴보라.

7. 원저자와 그의 독자들을 둘러싸고 있는 역사·문화적 요소들과 해석자를 둘러싸고 있는 역사·문화적 요소들 간의 유사점과 차이점을 주목하라.

이와 같이 성경해석자는 성경 안에 기록된 사실들을 좀 더 풍부하게 이해하고 습득하기 위하여 쓰여진 당시의 문화, 역사, 언어적 변천사들을 연구하여야 하며, 성서지도나 사서(史書), 고고학 자료들을 수집하여 고대 근동 문명의 지평을 면밀히 검토하여야 한다.

무엇보다 중요한 것은 원저자의 본래의 뜻을 찾아내기 위하여

---

5) Mickelsen(김인환 역), op. cit., pp. 233-234.

다각적인 연구와 분석이 필요하며, 그 연구한 것을 앞에 놓고 성령의 지혜와 도우심을 간구하는 겸손한 마음의 자세가 또한 요구되는 것이다.

II. 갖추어야 할 기본 장비

성경해석자는 많은 지식이 선결됨과 동시에 여러 가지 참고자료들을 또한 필요로 한다.

이 점에 있어서 램(Bernard Ramm) 교수는 "성경해석자는 성경비평에 대한 참고서, 70인 역본, 표준문법서, 성경원어 사전, 권위 있는 학자들의 주석을 갖추어야 하며, 중요한 보조 자료로 성경사전, 성경백과사전, 성경지도, 고고학 자료집 그리고 기타 학술 잡지 등은 필수적으로 갖추어야 할 장비이다"[6]라고 하였다.

A. 원어 지식

가급적 성경의 원문을 놓고 연구하는 것은 성경 해석에 있어서 필수한 과제라 하겠으며, 하나님의 뜻하신 바 본래의 의미를 찾는데 결정적인 도움을 얻는 방편이 된다.

성경 저자가 사용한 단어, 관사, 접속사, 격 그리고 동의어 등을 먼저 비교 검토하면서 여러 단어 중 왜 이 단어를 사용했는가를

6) Bernard Ramm, op. cit., pp. 36-38.

주의 깊게 파악하여야 한다.

요한복음 21장 15-17절은 부활하신 예수님께서 자신을 부인하고 저주하며 돌아선 베드로를 만나 마지막으로 권면하시며 사명을 부여하시는 말씀이다.

이 말씀을 유의해서 보면 각 절마다 사랑이란 단어가 나오는데, 우리 성경이나 영어 번역에도 '사랑' 또는 'love'로만 표현되었으나 원문 성경에서는 같은 단어로만 사용되지 않고 '아가파오'(ἀγαπάω)와 '필레오'(φιλέω)의 두 동사를 교대로 사용하였다.

15절

Ὅτε οὖν ἠρίστησαν λέγει τῷ Σίμωνι Πέτρῳ ὁ Ἰησοῦς, Σίμων Ἰωάννου, ἀγαπᾷς με πλέον τούτων; λέγει αὐτῷ, Ναί, κύριε, σὺ οἶδας ὅτι φιλῶ σε. λέγει αὐτῷ, Βόσκε τὰ ἀρνία μου.

16절

λέγει αὐτῷ πάλιν δεύτερον, Σίμων Ἰωάννου, ἀγαπᾷς με;
λέγει αὐτῷ, Ναὶ, κύριε, σὺ οἶδας ὅτι φιλῶ σε.
λέγει αὐτῷ, Ποίμαινε τὰ πρόβατά μου.

17절

λέγει αὐτῷ τὸ τρίτον, Σίμων Ἰωάννου, φιλεῖς με;
Ἐλυπήθη ὁ Πέτρος ὅτι εἶπεν αὐτῷ τὸ τρίτον, Φιλεῖς με;
καὶ λέγει αὐτῷ, Κύριε, πάντα σὺ οἶδας, σὺ γινώσκεις ὅτι

φιλῶ σε. λέγει αὐτῷ ὁ 'Ιησοῦς, Βόσκε τὰ πρόβατά μου.

15절과 16절에서 예수님은 '*ἀγαπάω*'로 물으셨으나 베드로는 두 번 모두 '*φιλέω*'로 대답한다. 그리고 17절에서 세 번째 물으실 때, 그러면 네가 '*φιλέω*' 사랑으로 나를 사랑하였느냐 물으셨다.

여기서 베드로는 처음 두 번 대답에서 감히 '*ἀγαπάω*' 사랑으로 주님을 사랑했다고 할 수가 없었던 것은 불과 며칠 전 그렇게도 완강하게 부인하고 심지어 저주까지 한 일을 기억했을 것이다.

베드로의 두 번의 동일한 대답을 받고 주님께서, 그러면 네가 '*φιλέω*' 사랑으로 나를 사랑했느냐고 물으신 것은 상당한 저의가 있음을 알 수 있다. 그동안 주님은 베드로를 원망하거나 책망하신 적이 없었는데, 이 한마디로 베드로를 강하게 질책함과 동시에 그의 마음을 설복시키고자 하시는 의도로 보여진다.[7)]

그것은 '*πάντα σὺ οἶδας*'(주여 모든 것을 아시오매)라는 베드로의 고백에서 나타나는 바, 주님의 세 번째 "그러면 네가 필레오(*φιλέω*) 사랑으로라도 나를 사랑했느냐"는 질문에서 베드로의 신령한 눈이 뜨이게 되어, 지금 앞에 서 계시는 분이 자신의 모든 것을 꿰뚫고 아시는 전능하신 하나님이심을 비로소 고백하게 된 것이다.

물론 성경 기자가 단어 하나하나에 그렇게도 신중하게 생각했

---

7) 예수님은 지금까지 자신을 부인하고 저주한 베드로를 한 번도 책망한 적이 없으셨으나 세 번째 *φιλέω*로 물으시는 그 말씀 속에서 간접적인 질책을 엿보게 되며, 어디까지나 배신하고 돌아선 베드로를 사랑으로 위로하시고 포용하시는 주님의 부드러우신 리더십과 목자상을 여기서 엿보게 된다.

겠느냐는 질문도 간혹 받아 보지만, 성경을 그렇게 쉽게 해석하고자 하는 자세는 성령이 원치 않는 불손한 행위라고 본다.

디모데후서 2장 15절과 로마서 10장 17절의 경우, 한역이나 영어 번역에는 공히 '진리의 말씀'으로 번역되어 있으나 헬라어 성경에 보면 디모데후서에는 '로고스'란 단어를, 그리고 로마서에는 '레마'란 단어를 사용하였다.

딤후 2:15

"네가 진리의 말씀을 옳게 분변하며 부끄러울 것이 없는 일꾼으로 인정된 자로 자신을 하나님 앞에 드리기를 힘쓰라"
(σπούδασον σεαυτὸν δόκιμον παραστῆσαι τῷ θεῷ, ἐργάτην ἀνεπαίσχυντον, ὀρθοτομοῦντα τὸν λόγον τῆς ἀληθείας.)

여기서 '진리의 말씀'이라는 두 단어에 정관사를 반복 표기한 것은 하나님의 말씀 신구약 전체를 의미한다. 그러므로 그 진리되는 말씀을 '옳게' '부끄러울 것이 없는' 그리고 '하나님 앞에 드리는데까지 나아가도록 하라'는 권면의 말씀이며,

롬 10:17의 경우

"믿음은 들음에서 나며 들음은 그리스도의 말씀으로 말미암았느니라"(*ἄρα ἡ πίστις ἐξ ἀκοῆς, ἡ δὲ ἀκοὴ διὰ ῥήματος Χριστοῦ*)라고 기록되어 있는데, 여기서 나타난 레마토스(*ῥήματος*)는 분명히 디모

데서와 동일한 하나님의 말씀에는 불변하나, 그 진리의 말씀이 자신에게 들려질 때 믿음으로 체험되고 간증되는 것을 의미한다.

그리고 '들음'(*ἀκοή*)은 말씀으로 말미암아 열려진 '신령한 귀'로 이해될 때 더욱 분명해진다.

벧 3:19의 경우

"저가 또한 영으로 옥에 있는 영들에게 전파하시니라"(*ἐν ᾧ καὶ τοῖς ἐν φυλακῇ πνεύμασιν πορευθεὶς ἐκήρυξεν*).

여기서 '전파하다'라고 하는 애캐뤽센(*ἐκήρυξεν*) 동사는 어디까지나 법적인 용어로서 '판결하다' 또는 '선언하다'는 의미로 사용되며[8] '복음이 전파되다'라고 하는 동사는 유앙게리조마이(*εὐαγγελίζομαι*)라는 별도의 단어가 있음을 유의해야 한다. 그러므로 우리는 본문에서 단어의 뜻만 바로 이해해도 그 의미는 충분히 파악할 수 있는 것이다.

이처럼 하나님께서 헬라어로 성경을 기록하게 하신 것은 'Greek'가 당시 세계어인 이유도 있지만, 단어들마다 이러한 다양한 의미와 특색들을 지니고 있으므로, 깊고 오묘한 하나님의 뜻을 온전히 나타내시기 위한 하나님의 섭리를 우리는 여기서도 발견할 수 있다고 하겠다.

8) 최근에 나온 개역개정판에는 '선포하다'로 번역하였는데 원문에 접근된 번역이라 하겠다.

B. 역사적 배경에 대한 고찰

1) 성경 기자의 개인적 환경을 살펴보라.

요한계시록을 연구하는 데는 하나님께서 요한에게 계시를 주실 때 그가 어디에서 무엇을 하고 있었는지를 살펴보아야 한다.

2) 기록 당시 그 나라의 문화와 풍습을 연구하라.

룻기서를 이해하기 위해서는 레위기 25장과 신명기 25장에 설명되어 있는 가족제도를 먼저 이해하여야 하며, 당시 그 나라의 가정 형성과 기업 무름의 법칙 등에 관한 정황(情況)들에 대하여 그 사회의 관습(慣習)을 연구할 필요가 있다.

3) 성경을 기록한 그 시대에 일어났던 역사적 상황과 사건에 비추어 가면서 연구하라.

복음서를 연구할 때는 팔레스틴과 유대 지방의 전 지역이 당시 로마 제국의 지배와 압제를 받고 있었다는 사실을 연구할 필요가 있다.

C. 성령에 전폭적 의존

여러 가지 방법과 수단을 총동원하여 연구하고 검토한 자료들을 가지고 성경의 원저자인 성령의 조명을 받기 위하여 겸손한 마음을 가지고 은혜의 보좌 앞으로 나아가야 한다.[9]

칼빈은 말하기를 "성경은 성령학교이다. 하나님께서 성경을 통하여 우리에게 필요하고 유용한 것은 모두 기록하여 주셨다. 그러므로 성경해석자는 먼저 성령의 도우심을 간구해야 한다"[10]라고 하였다.

현대교회 리더십 클리닉의 권위자인 블랙커비(Henry Blackaby) 목사는 말하기를 "영적인 인도자는 무엇보다 예수님의 마음과 정신을 가져야 한다. 예수님은 규칙적으로 하나님을 만날 시간을 정하여 습관적으로 기도하는 것이 하루 일과의 우선순위(priority)였다. 그러므로 그는 아무리 다양한 일이 있을 때에도 서두르지 않았으며, 위급한 상황에서도 스트레스에 시달린 모습을 전혀 찾아볼 수가 없으며, 일정에 쫓기는 인상을 결코 찾아볼 수가 없다"[11]라고 하였다.

예수님은 오병이어의 기적을 행하신 후 많은 무리들이 좇으며 심지어 그를 왕으로 추대하려는 움직임이 있었으나 오히려 조용한 곳을 택하여 기도하셨다. 바로 이러한 사실로 인하여 예수님은 십자가의 사건을 승리로 이끌었으며 하나님은 그를 만왕의 왕으로 삼으셨다.[12]

그러므로 성경해석자는 겸손한 마음으로 성령의 도우심을 사모

---

9) 요 14:26 참조.
10) John Calvin, op. cit., pp. 727-728.
11) Henry Blackaby(윤종석 역), 영적 리더십 (서울: 도서출판 두란노, 2003), p. 246.
12) 빌 2:5-11 참조.

해야 하며, 말씀을 사랑하는 뜨거운 마음으로 기도하면서 성경을 깊이 묵상하는 방법과 지혜가 요구되는 것이다.

성경은 하나님의 특별한 섭리로 말미암아 자신이 선택한 신실한 종들에게 성령으로 기름 부어 기록한 말씀이기에 이사야 선지가 말씀한 바와 같이 여호와의 말씀은 하나도 짝이 없는 것이 없고 서로가 서로를 연결하며 보완하여 주고 있다.[13)]

이와 같이 성경은 성령으로 말미암아 기록된 책이므로 성령의 도우심과 지혜를 얻기 위하여 해석자는 항상 기도하는 일에 주력하여야 하며, 나아가서 신령한 통찰력을 가지고 말씀에 접근하는 자세가 필요하다.

---

13) 사 34:16

6 성경 해석의 방법

1. 본문의 깊은 묵상

성경해석 방법의 주 재료(材料)는 본문 말씀에 있으므로 성경해석자는 신학적이거나 논리적인 연구에 앞서서, 성경에서 보여 주는 본문의 의도(意圖)를 먼저 파악하고, 성경 저자를 통하여 하나님께서 주고자 하시는 참 뜻을 깨닫기 위하여 말씀 앞에 무릎을 꿇고 주어진 본문을 깊이 묵상하는 습관이 요구된다.

오직 성경, 오직 믿음, 오직 은혜 그리고 오직 하나님의 영광이 종교개혁자들의 슬로건이었으니 이는 당시 로마 가톨릭이 교황의 권위와 교회의 전통을 세우기 위하여 성경을 가경 이하로 격하시켰기 때문에, 여기에 대항하여 개혁자들은 한결같이 성경의 권위와 성경 본문이 가장 훌륭한 성경해석자(Scripture Interprets Scripture)라는 성경 해석의 원리를 제시한 것이다.

그렇다고 16세기 개혁자들이 성경만을 고집하며 보수와 전통만을 외친 것이 아니라 성경 저자들의 이념과 사상 배경도 결코 무시하지 않았다는 점을 그들의 저서를 통하여 우리는 충분히 읽어 볼 수가 있는 것이다.

성경의 기록은 하늘나라의 방언으로 된 것이 아니고 인간의 언어로 기록되었기 때문에 기록자의 인품과 사상 배경을 결코 간과해서는 안 된다. 그러므로 개혁주의 신학은 기계적 영감설보다는 유기적 영감설을 믿는다.

II. 본문의 개략적(槪略的) 구분

1) 전체적으로 윤곽을 잡고 큰 단원부터 구분하라.

2) 앞뒤 문맥을 검토하고 비교 또는 연결해 보라.

3) 정한 본문을 정독하고 깊이 묵상하라.

4) 문법적(grammatical), 역사적(historical) 그리고 영적(spiritual)인 해석(interpretation)에 하자가 없는가를 면밀히 살피고 검토하라.

III. 저자, 수신자, 당시 정황 파악

1) 저자에 관한 배경(background) 연구
2) 수신자에 대한 배경
3) 저작 시기와 장소 또는 기록 목적
4) 쓰이게 된 동기 및 목적
5) 내용의 문체 및 특징
6) 사본의 비교 및 검토
7) 다른 저자와의 동질 및 이질성 등을 검토하고 연구하라.

특별히 하나님은 성경 기록에 있어서 위대한 창안자요 설계자(The Architect)이시다. 다양한 재료들과 각계각층의 종들을 총동원하여 성경이란 장엄한 건물을 지으셨기에 성경마다 특색은 있지만 서로가 짝을 이루면서 서로가 서로를 연결 보완해 주고 있다.

"너희는 여호와의 책을 자세히 읽어보라 이것들이 하나도 빠진 것이 없고 하나도 그 짝이 없는 것이 없으리니 이는 여호와의 입이 이를 명하셨고 그의 신이 이것들을 모으셨음이라."[1)]

여기서 '자세히 읽어보라'는 말씀 '띠레수'(דִּרְשׁוּ)는 '따라쉬'(דָּרַשׁ)란 동사에서 온 것인데, 이 말은 '깊이 관찰하라'(deeply investi- gate) 또는 '탐구하라'(search for)의 의미가 내포되어 있다.

그러므로 여호와의 입이 명하셨고 그의 신이 모으신 책이기에

1) 사 34:16

성경을 연구하고 해석할 때, 한 본문을 놓고 그 본문과 앞뒤 문맥을 다른 서신들과 비교하면서 좀 더 깊게 관찰하고 탐구하는 지혜가 필요한 것이다.

성경을 피상적으로 볼 때 서로가 엇갈리고 심지어 충돌(衝突)하는 듯한 면모도 보이지만 하나님께서는 자신의 백성들에게 말씀을 통하여 신령한 교훈과 축복을 주고자 계획하시고 위대한 설계도와 다양한 재료들을 사용하셔서 성경이란 웅장한 건물을 지으셨기에 각 절 각 부분마다 연결이 있고 또한 짝을 이루고 있는 것이다.

구약은 신약에서 그리고 신약은 구약에서 그 짝을 찾을 수 있으므로 성경의 각 권마다 기록자들의 특색을 살려 서로 연결시켜 보는 방법도 성경 해석의 중요한 요소 가운데 하나이다.

창세기 3장 15절의 '여인의 후손'이 누구인가를 해석하려고 할 때 마태복음 1장에서 그 뜻을 찾아야 하고, 히브리서 7장 20절의 "예수께서 제사장 된 것은 맹세 없이 된 것이 아니니"란 말씀을 해석할 때 그것은 시편 110편 4절 "여호와는 맹세하고 변치 아니하시리니 이르시기를 너는 멜기세덱의 반차를 좇아 영원한 제사장이라 하셨도다"란 말씀에서 해답을 찾게 되는 것이다.

이러한 사실들은 하나의 예(例)에 불과하지만 이사야 선지자의 말씀대로 여호와의 신이 이것들을 모으셨고 여호와의 입이 이것들을 명하셨기에 모든 성경은 서로가 연결되고 통일될 뿐 아니라 모두가 짝을 이루면서 서로가 서로를 해석해 주고 있는 것이다.

베드로 사도는 “오직 성령의 감동하심을 입은 사람들이 하나님께 받아 말한 것임이니라”[2]고 기록하였는데, 여기서 하나님의 감동으로 기록되었다고 하는 말은 하나님의 생기(生氣)가 들어갔다는 뜻이며, 영어 성경에는 좀 더 분명하게 하나님의 숨결 즉 생기 ‘God-breathed’로 번역하였다.

이 말은 곧 성령께서 성경 기자들의 사상 및 생각까지 주장하시고 섭리하셨음을 의미한다. 성경은 이렇게 하나님의 생기가 들어간 책이므로 성령과 호흡을 맞추어야 하고, 성령으로 충만하고 거듭나지 않으면 바로 이해할 수도 없고 해석은 더욱 불완전할 수밖에 없는 것이다.

육에 속한 자연인은 하나님의 신령한 일을 깨달을 수 없고 다만 성령으로 거듭나고 충만한 자들만이 하나님의 깊으신 것까지 이해하고 깨달을 수가 있다.

예수님께서는 “어린아이처럼 하나님의 말씀을 순진하게 믿지 않는 자들에게는 하늘나라의 비밀을 숨기겠다”고 하셨으며,[3] 바울 사도는 “하나님께로 온 영을 받았으니 이는 우리로 하여금 하나님께서 우리에게 은혜로 주신 것들을 알게 하려 하심이라”[4]고 기록하였다.

말씀으로 무장하고 성령 충만의 인격과 삶이 없을 때 신령한 통찰력을 상실할 뿐 아니라 쉽게 넘어지고 유혹을 받게 되는 것이

---

2) 벧후 1:21
3) 마 11:25
4) 고전 2:12

다. 예수님 당시 바리새인들과 사두개인 그리고 율법사들은 매우 종교의식에 열심이었으며 말씀을 깊이 연구하고 가르쳐 왔지만 성령의 조명 아래서 저들이 말씀을 묵상하지 않았기 때문에 예수님께로부터 책망을 받았으며, 돈을 탐하는 자가 되었고 거룩한 성전을 매매의 장소로 전락시키고 말았던 것이다.

초대교회는 성령 충만을 받은 자들로 구성되었다. 원래 저들은 우리와 별로 차이가 없는 보편적이고 무식한 자들이었으나 예수님께서 마지막 승천하시면서 "오직 성령이 너희에게 임하시면 너희가 권능을 받고"[5] 하신 말씀을 붙잡고 마가의 다락방에 모여 일심으로 기도할 때 하나님은 성령의 충만을 부어 주셨고, 성령의 충만은 곧 말씀의 충만으로 승화되어 저들이 기록한 말씀이 정경이 되고 하나님의 정확 무오하고 불변하신 진리가 된 것이다.

무엇보다 먼저 기억해야 할 것은 하나님의 말씀은 성령의 영감으로 기록되었다는 것과 말씀은 성령이 원저자(Primary Author)임을 명심하여야 한다.

코놀리(John Connolly) 박사는 "모든 성경이 다 분명하고 충분하게 보이지 않는 부분도 있을지 모르나 성령의 조명 아래서 볼 때 그 어느 부분의 말씀도 분명하고 이해되지 않는 부분이 없다"[6] (Not every passage is clear, but even the difficult sections can be understood

---

5) 행 1:8
6) John Connolly, "Noted from Lecture by R. C. Sproul", Fall Semester, Reformed Theological Seminary, 1982.

in the light of the scripture as a whole)라고 적절한 표현을 하였다.

그러므로 성경해석자는 먼저 성령의 인도와 조명을 받기 위하여 순간순간 은혜의 보좌 앞으로 나아가야 한다.

비록 수십 세기를 지나는 동안 감추어진 원본과, 그 결과로 말미암아 번역판을 가지고 연구해야 하는 아쉬움이 있긴 하지만 우리는 그 빛(The Light)의 도움을 입을 때 하나님의 거룩하시고 온전하신 뜻을 충분히 깨닫게 될 것이며, 나아가서 성경의 올바른 해석자가 될 수 있을 것이다.

하나님께서는 주님의 몸 되신 교회를 이 땅에 세우시고 오직 말씀과 기도로 자신의 교회를 운영해 가기 위하여 종들을 부르시고 세우셨다.[7)]

이 점에 있어서 바울 사도는 "나를 충성되이 여겨 내게 직분을 맡기신 하나님께 감사한다"고 하였으며,[8)] 칼빈(John Calvin)은 서론에서도 언급한 바와 같이 우리 기독교의 신앙과 신학은 성경이 시작하는 데서 시작하고 성경이 멈추는 곳에서 함께 멈추어야 한다는 대 원리를 내놓으면서 "우리의 자세는 어디까지나 성경이 그렇게 말하였다면 오직 한 가지뿐이니 곧 순종하는 것이다"[9)]라고 하였다.

특별히 이사야서를 주석하면서 "우리는 어디까지나 죄인의 신

---

7) 엡 4:11 참조.
8) 딤전 1:12
9) Henry Meeter, op. cit., p. 28.

분이므로 전적 하나님의 입에서 나오는 말씀에 의존해야 한다. 말씀대로만 따라가면 구원의 길이 있고 영원한 생명의 보장이 있다"[10]라고 하였다.

A. 자유주의적 견해

a. 합리적 해석법

이 원리는 성경을 합리적인 방법으로 해석하려 하는 것인데 어디까지나 성경의 권위보다 인간 이성의 권위를 우위에 두는, 인간 지식과 이성에 강조점을 두는 방법이다.

갈빈주의의 권위자인 버나드 램(Bernard Ramm) 박사는 "자유주의자들은 항상 성경이 그 형태에 있어서 조절되었을 뿐 아니라 사건이나 내용에 있어서도 조절되어 있음을 믿는다. 이것은 불트만의 신화론에 있어서도 마찬가지로 나타난다"[11]라고 하였다. 이와 같이 저들은 아무리 하나님의 말씀이라 해도 이성에 합리적이지 않으면 그것은 정경이 될 수 없다고 믿는다.

계속해서 램(Ramm) 박사는 이러한 합리성의 위험을 지적하면서 "저들의 종교진화적 관념은 단지 성경의 계시적 내용과 성경적인 계시의 독특성을 부인하는 방편이 된다"[12]라고 하였다.

---

10) John Calvin, Commentary on The Prophet Isaiah (Grand Rapids: WM. Eerdmans Publishing Company), pp. 159-162.
11) Bernard Ramm, op. cit., p. 132.
12) Ibid., pp. 131-132.

우리 인간은 죄로 말미암아 전적 타락(Total Depravity)하였기에 인간의 이성은 성령의 조명을 통하여 거듭나지 않으면 올바른 통찰력을 발휘할 수 없다고 하는 것이 칼빈주의의 견해이다.

하나님의 뜻은 말씀의 권위 앞에 겸손히 무릎을 꿇는 자만이 깨닫게 되는 것이며, 성령의 빛(Light of The Spirit)의 조명 아래서만이 모든 것이 가능하다고 하는 진리를 저들은 먼저 깨달아야 할 것이다.

아무리 성경을 많이 연구하고 가르친다 해도 겸손과 순종이 앞서야 하고, 성령의 영감으로 기록된 말씀을 성령의 거울로 보지 않으면 신령한 문은 닫히고 마는 것이다.

b. 비유적 해석법

비유적 해석법이란 과거의 역사적인 사건이나 문자적인 정당성 그리고 영적인 교훈들까지 모두 비유적으로 해석하려고 하는 방법이다.

대표적인 학자는 필로(Judeus Philo)와 알렉산더의 오리겐(Origen of Alexander) 등이 있는데, 필로(B.C. 20-A.D. 50)는 플라톤(Platon)의 영향을 받은 자로서 그리스(Greece)의 신화를 철학적인 방법으로 하여 그것을 성경 해석 방법에 도입하려 하였다.

그러므로 이 방법은 합리적인 방법도 사용해 가면서 예수님의 모든 교훈들을 비유적으로 접근하는 인간적인 교훈과 교화(教化)에 비중을 두는 방법이다.

오늘날 N.C.C. 산하의 신학교들이 이러한 위험한 방법을 일부

라도 수용하고 가르친다는 것을 우리는 조심하여야 할 것이다.

c. 신화적 해석법

대표적 학자는 몰트만(Jürgen Moltmann)과 불트만(Rudolf Bultmann) 등이 있는데, 이들은 성경의 모든 기사들을 신화적인 방법으로 접근을 시도한다.

예수님의 죽으심에 대하여 몰트만은 어디까지나 역사적으로 이해하려 했으나 부활사건은 신화적으로 해석하였으며, 같은 자유주의 신학자이지만 불트만의 경우에는 두 사건을 모두 신화적으로 해석하였다.

그는 말하기를 "성경의 메시지가 대부분 신화적인 것으로 표현되었기에 신화적이거나 비신화적인 것을 식별해내기가 불가하다고 본다. 그러므로 성경해석자는 중립적인 면에서 보아야 하며, 본문을 대할 때는 항상 '선 이해'(pre-understanding)를 가지고 접근할 수밖에 없다"[13]라고 하였다.

이 점에 있어서 마이클슨(A. Mickelsen) 교수는 "불트만은 성경 속의 사실들이 현대의 과학적 세계관에 반대되기에 성경의 많은 부분이 현대인들에게 전혀 전달되지 않는다고 본다"[14]고 지적하면서 "불트만에게 비 신화화하는 것은 성경이나 기독교 메시지를 전체적으로 거부하는 것이 아니라 성경의 세계관을 거부하는 것

---

13) Rudolf Bultmann, The presence of eternity "Gifford Lectures"(NY: Harper & Brothers, 1957), p. 113.

14) Mickelsen(김인환 역), op. cit., pp. 97-99.

이다"[15]라고 적절한 표현을 하였다.

결국 자유주의 신학자들이 주장하는 비 신화화란 신화론적 언어 속에서 발견되는 인격적 실존을 보다 명확화하기 위하여 실존주의 철학을 성경해석학에 도입하는 위험한 사상이라 하겠다.

특별히 18세기 계몽주의 이후 이성에 입각한 자율성이 강조되면서 성경은 많은 도전을 받게 되었다.

그 결과 하나님의 권위는 격하되고 성경은 하나의 고전이나 역사책 이상이 되지 않았으며, 인간이 마음대로 요리할 수 있는 것으로 전락하게 된 것이다.

물론 불트만은 여러 가지 정황들을 도입해 가면서 설득하려 하지만 모든 성경의 사건과 예수님의 비유 그리고 역사적인 사건들을 신화적인 방법으로 이해한 데는 변명의 여지가 없다고 보는 것이다.

성경은 사람을 방편으로 하여 기록되었으나 그 기원은 하나님께로부터 온 것이기에 초자연적인 특성이 있음과, 성경의 영감사상에 대한 바른 인식이 무엇보다 선결되어야 할 것이다.

칼빈주의의 권위자인 맥퀼킨(Robertson Mcquilkin) 박사는 "하나님이 저자이시므로 성경은 절대적인 권위를 갖는다. 예수님과 사도들은 항상 성경을 인용하는 것으로 문제를 해답하고 모든 질문의 결론을 가져왔다"[16]라고 하면서 "사실 신약에는 300회 이상이나

---

15) Ibid., p. 98.

16) Robertson Mcquilkin(송용조 역), 성경의 이해와 적용 (서울: 성경학교 출

구약을 직접 인용하고 있으며 신약의 저자들은 구약을 토대로 하여 자신의 신학을 구성하였다"[17]라고 하였다.

그러기에 신약과 구약은 서로 짝을 이루고 있는데, 이사야 선지는 여기에 대하여 "여호와의 신이 모으셨고 그의 입이 이를 명하셨기에 하나도 그 짝이 없는 것이 없다"고 하였던 것이다.[18]

성경의 기록 연대를 보면 약 1,500년의 긴 세월 동안에 기록되었으나 모든 말씀이 한 주제로 통일되어 있으며, 무수한 세월 동안 문화의 변천이 이루어지고 생활방식이 바뀌었으나 그 안에는 일점일획의 오류나 변화의 기류도 발견할 수 없다.

그러므로 성경을 대할 때 일반서적과는 구별하여야 하며, 원저자의 뜻에 이탈되지 않도록 세심한 주의가 요구되는 것이다.

B. 보수주의적 견해

a. 문법적 해석법

성경을 해석할 때 주의해야 할 점은 일반문법의 규칙을 전제로 해서는 안 된다는 것이다. 어디까지나 성경은 하나님의 말씀이요 성령의 영감으로 기록된 차원 높은 말씀임을 먼저 인지하는 지혜가 요구되며, 문법적인 오류를 지적하기보다는 원저자의 뜻이 올바로 이해되었는가를 파악한 후 거기에 맞추어 문법적으로 하자

판부), p. 24.
17) Ibid., p. 24.
18) 사 34:16 참조.

가 없는지를 면밀히 살펴야 하는 것이다.

문자 하나하나를 강조하게 될 때 주의해야 할 점은 축자영감사상으로 유혹되지 않도록 또한 조심해야 한다.

이 부분에 대하여는 특히 보수성이 강한 자들 가운데 유기적인 영감설에 거부감을 가지고, 축자영감만이 바른 해석법임을 과시하는 오류를 범하고 있음을 지적하고 싶다.

이 점에 대하여 박형용 박사는 말하기를 "하나님이 성경을 기록하게 하실 때 인간을 매개로 하여, 그들의 인격이나 사상 배경 등을 고루 참작하여 하신 것을 보아도 기계적으로 하지 않고 유기적인 방법을 취하셨다. 그러므로 성경은 하나님과 사람의 이중 작품이라 할 수 있으니 즉 하나님의 지혜의 극치와 유기적인 영감의 신비가 성경 기록 과정에서 잘 반영되어 있다"[19]라고 적절한 표현을 하였다.

b. 역사적 해석법

성경 해석에 있어서 또 하나의 중요한 요소는, 시대 시대마다 기자들의 사상 배경이나 당시의 문화적인 형편 그리고 지리적인 여건들을 충분히 감안하여 그것을 역사적인 배경과 조화를 이루도록 할 수 있어야 한다.

이때 주의할 점은 성경해석자가 현재의 자기의 위치를 감안하

19) 박형용, op. cit., p. 115.

지 않고 성경이 기록될 당시의 상황이나 형편에 너무 집착해서는 안 되며, 성경을 기록한 사람들을 볼 때 너무 지나치게 그들의 거룩함과 신성함을 의식해서는 안 된다는 것이다.

다만 계몽주의의 영향으로 생겨난 인본주의와 이성주의는 당시 기독교의 포교가 너무 확산되는 것을 막기 위하여, 성경의 영감사상과 역사성을 부정하려는 그릇된 관념을 다각도로 부각시키려는 오류를 범하였는데 우리는 이를 조심성 있게 관찰할 필요가 있다.

벌코프(Louis Berkhof) 박사는 "계몽주의 이후에 성경이 하나의 일반 역사서적으로 전락하게 되었는데 이것은 인간이성에 근거하여 성경의 신적 권위를 격하시키는 행위이다"[20]라고 적절한 표현을 하였다.

자유주의자들은 항상 인간이성을 우위에 두고 인간적 사상이나 논리에 합리적이지 않은 것은 먼저 배제하고 성경을 해석하려고 하는 데에 문제가 있음을 먼저 알아야 한다.

성경은 살아 계신 하나님의 말씀이며 그 하나님이 인간을 죄에서 구원하시고 의의 길로 인도하시기 위하여 시대 시대마다 종들을 택하시고 기름 부어 성경을 기록하게 하신 유일한 법칙이기에, 역사적으로 세밀히 관찰하고 그 말씀을 기록할 당시의 상황과 배경까지 면밀히 검토해야 할 필요가 있는 것이다.

---

20) Louis Berkhof, op. cit., pp. 133-166.

c. 정경적 해석법

여기서 정경적이라고 하는 것은, 성경의 원전 이해에만 국한하여 다른 해석의 방법 즉 문법적이나 역사적인 방법 등을 무시하는 것이 아님을 먼저 인지할 수 있어야 한다.

박형용 박사는 "정경적인 해석법은 역사적인 방법이나 문법적인 해석방법과 결코 상충되는 것이 아니고 보충적인 역할을 감당한다"[21]라고 적절한 표현을 하였다.

또한 이 해석방법은 계시의 점진성을 인정하면서 문법도 중요시하는 방법을 택한다.

말씀의 계시는 하나님이 가장 중요하게 생각하시는 구속적인 사건을 중심으로 하여 기록되었기에 한꺼번에 모든 것을 기록한 것이 아니라 역사의 진전에 따라 주신 것이라고 믿는다.

이 점에 있어서 성경학자 보스(Geerhardus Vos)는 말하기를 "말씀계시는 구속사역과 서로 직결되어 있으므로 구속을 생각하지 않는 계시는 허공에 매는 것과 같다. 계시는 다만 구속적 사건들과 서로 연관되므로 계시의 점진적인 성격을 인정해야 한다"[22]라고 하였다.

그러므로 구약성경은 신약에서 더욱 온전하게 설명되며, 복음서보다는 서신서에서 풍성하게 펼쳐지는 하나님의 계시 세계를 보게 되는 것이다.

---

21) 박형용, op. cit., pp. 196-197.

22) Geerhardus Vos, Biblical Theology (Grand Rapids: Eerdmans Publishing Com, 1948), p. 24.

이러한 원리 아래 정경적인 해석법은 하나의 성경구절을 해석해 나갈 때 구속의 사실을 역사적인 맥락에 비추어 생각함과 동시에 계시의 점진성도 인정하는, 즉 성경의 원리에 입각한 계시 중심 사상의 광범위한 방법임을 이해할 수 있어야 한다.

결론적으로, 칼빈주의의 정경해석의 원리는 무엇보다 신구약 66권만을 정경으로 인정하는 전제 아래 해석의 방법을 원칙으로 삼아야 한다는 데는 추호의 양보가 있어서는 안 된다는 것이다.

또한 가경을 제외한 모든 성경은 하나님의 영감된 말씀이며, 그 말씀을 해석할 때 교회의 전통이나 어떠한 권위도 개입될 수 없고 오직 성경에만 의지하는 원리가 선행되어야 함을 또한 강조한다.

박윤선 박사는 정경의 결정원리에 대하여 정의하기를 “여호와 하나님은 이스라엘의 하나님이시므로 이스라엘은 그만 섬기고 그의 말씀에만 순종하기로 계약된 것과, 구약 모든 책들은 그 자체가 여호와의 말씀이라고 자증하는 사실이다”[23]라고 하였으며, 계속해서 정경원리에 대하여 부언하면서 “정경 집성이란 것과 정경화라는 두 가지 개념에 유의하여야 한다. 정경화는 그 문서들이 기록될 때 성령님으로 말미암아 이루어진 것이고, 정경 집성은 하나님의 섭리로 말미암아 후대 하나님의 백성이 재래의 정경 문서들을 발견하여 승복하고 집성한 것을 가리킨다. 다시 말하면, 문서의 정경화는 성령님이 하시는 일이고 정경 문서에 대한 승복은

23) 박윤선, op. cit., pp. 27-28.

교회가 하는 일이다. 그러므로 교회는 어떤 문서를 정경화시킬 권리가 없다"[24]라고 하였다.

70인역에서는 가끔 가경 문서들이 정경 문서들과 결부된 듯한 부분들이 나오는데, 그렇다고 하여 그때의 사람들이 그 가경 문서들을 정경시하였다고 단언하기 어렵다. 가경 문서들이 정경은 아니지만 세속문학과는 다른 경건문학이므로 그 가치를 높이 평가하여 정경 문서에 합편된 것으로 보아야 한다.

예수님과 사도들은 유대인의 정경 그대로를 인정하였으며 가경은 인용하지 않았다.

박윤선 박사는 신약에서 가경을 인용한 듯한 몇 개의 구절을 지적하면서 "히브리서 11장 35절이 II 마카비 6장 18절-7장 42절에서 온 듯하며, 유다서 14-15절은 에녹서 2장에서 온 것으로 보여지나 위의 구절들이 직접 가경에서 인용되었다고는 보지 않는다"[25]라고 하였다.

---

24) Ibid., pp. 28-29.
25) Ibid., pp. 29-30.

7 문맥 해석의 원리와 방법

I. 원리

성경을 연구하고 해석함에 있어서 문맥은 참으로 중요한 역할을 한다. 그러므로 해석자는 그 문맥이 주는 의미를 세밀히 관찰할 필요가 있으며, 문맥의 흐름에 따라 성경은 해석되고 이해되어야 하는 것이다.

마이클슨(A. Mickelsen) 교수는 문맥 해석의 원리를 다음과 같이 요약 정리하였다.

1. 그 구절 앞과 뒤에 있는 부분들을 세심하게 관찰하라.
2. 동일한 책 속에서 해석되고 있는 구절의 내용과 평행적인 기사가 없는가를 세심하게 관찰하라.

3. 동일한 저자 또는 다른 저자들에 의해 기록된 다른 책들 속에 있는 평행 기사들을 조심스럽게 관찰하라.

4. 직접적 문맥이 거의, 아니 전혀 가치가 없는 곳에서는 동일한 시대나 시간으로부터 나오는 순수한 평행기사들을 발견하는데 주력하라.

5. 해석되어야 할 자료의 양이 적을수록 문맥을 무시할 위험성이 커진다는 사실을 명심하라.

6. 해석자가 문맥에 충실하게 집착함으로써 성경의 권위를 위한 진정한 판단을 이끌어낼 수 있을 것이다.[1)]

이와 같이 해석자는 문맥의 관계를 잘 유지하면서 서로의 연관성을 충실하게 연구하고 평행적인 관계성을 심도 있게 검토해 나갈 때 하나님께서 의도하시는 본래의 뜻을 바로 해석하게 되는 것이다.

II. 문맥을 파악하는 방법

문맥(文脈)이란 연구하고자 하는 본문과 바로 연결되고 있는 앞과 뒤 구절의 내용의 흐름을 말하는 것이다. 성경말씀을 어느 한 구절만 떼어 놓으면 "하나님이 없다"[2)]는 말도 있는데, 그 말씀을 좌우의 문맥을 살펴서 보게 되면 성령의 본래의 의미를 바로 파악

1) A. Berkeley Mickelsen(김인환 역), op. cit., pp. 153-154.
2) 시 14:1 참조.

할 수 있다.

그러므로 문법적인 작업 이후에 다루어야 할 필수과제는 연관된 문맥들을 주의 깊게 조사하는 것이다. 그 이유는 성경에 쓰여진 용어의 내용들이 문맥 안에서 이해되어질 때 바르게 이해됨은 물론, 그 문장에서 주는 요점들과 연관성들을 정확하게 파악할 수 있기 때문이다.

문맥을 파악할 때 다음 몇 가지는 특별히 유의하여야 할 과제이다.

1. 단어와 문맥을 연관 지어 해석할 때는 서로 일치되고 있는가.

2. 문맥의 앞과 뒤의 관계가 잘 배열되고 있는가.

3. 문맥의 관계를 연구함에 있어서 분사, 전치사, 접속사 등의 위치와 그것들이 주는 뜻이 바로 파악되고 있는가.

4. 한 단어와 단어 사이의 직접적인 문맥이 구문론적 역할은 잘 조절되고 있는가를 세밀히 관찰하고 조사하여야 한다.

이와 같이 성경 전체의 뜻을 단편적으로 이해하는 방편으로서 문맥이 주는 의미는 매우 중요한 위치를 차지하고 있으므로, 문맥을 면밀히 파악하는 일은 저자가 독자들에게 전달하고자 하는 본래의 뜻을 바로 인식할 수 있게 한다.

왜냐하면 주어진 구절의 앞부분이나 뒷부분을 면밀히 검토하는 것은 이사야서에서 "여호와의 책을 자세히 읽어보라 이것들이 하나도 빠진 것이 없고 하나도 그 짝이 없는 것이 없으리니"[3)]라는 말씀과 같이 여호와의 책 안에 모든 말씀은 빠진 것이 없고 그 짝이 없는 것이 없기 때문에, 자세히 읽고 유심히 관찰해야 할 필요가 있는 것이다.

박형용 박사는 "문맥을 조사할 때 유의할 점은 장, 절의 구분이 반드시 경계선을 그어 주는 것이 아니므로 참된 문맥을 찾기 위해서는 그 이전 장까지 거슬러 올라갈 수도 있고 다음 장까지 앞서 나아갈 수도 있다"[4]라고 하였고, 계속해서 부언하기를 "성경 해석에 있어서 문맥 파악이 중요한 것은 해석자로 하여금 저자의 사상 전체를 조사하게 만들고, 다른 사람의 글을 해석한다고 하면서 자신의 사상을 선전하게 되는 부정직한 해석자가 되는 것을 막기 때문이다"[5]라고 적절한 표현을 하였다.

어떤 말씀은 한 절을 해석할 때 그 장(章) 전체를 보아야 할 때도 있는데, 요한복음 6장의 경우는 예수님께서 오병이어의 이적을 행하신 장인데 이 말씀을 서론적으로 보면 육신의 빵이 인간을 만족게 하는 의미로 해석될 수 있다. 13절에서 "이에 거두니 보리떡 다섯 개로 먹고 남은 조각이 열두 바구니에 찼더라"고 했는데, 27절에 보면 "썩는 양식을 위하여 일하지 말고 영생하도록 있는 양식을 위하여 하라" 하신 후 결론은 33절에서 보여 준다. "하나님의 떡은 하늘에서 내려 세상에게 생명을 주는 것이니라."

여기서 저자는 예수님께서 이적을 행하신 목적을 분명히 보여

---

3) 사 34:16 참조.
4) 박형용, op. cit., pp. 196-200.
5) Ibid., p. 200.

주고 있으니, 그것은 육신의 빵을 저들에게 먹여 배불리게 하려는 것보다는 자신이 친히 생명의 떡이요 영원한 생명의 공급자이심을 보여 주시고자 함이었다.

자유주의 신학자들은 성경을 해석할 때 부분 부분만을 도려내어 인간이성이 가미된 합리적인 방법으로 분석하기를 좋아하며, 그들의 주 관심은 어디까지나 인간에게 있고 지상 유토피아의 건설에 있다.

몰트만(Jürgen Moltmann)의 신학이론이 바로 여기에 있는데, 그는 어디를 가든지 누가복음 4장 18절 "주의 성령이 내게 임하셨으니 이는 가난한 자에게 복음을 전하게 하시려고 내게 기름을 부으시고 나를 보내사 포로 된 자에게 자유를, 눈먼 자에게 다시 보게 함을" 이 말씀을 읽고 예수님은 가난한 자, 눌린 자 그리고 눈먼 자를 위해 오셨다, 그러므로 예수님 역시 가난한 자로 오셨으며 결국 그 가난한 자들을 위하여 십자가를 지셨다는 것이다.

이 원리에서 소망의 신학의 유토피아관이 탄생하였으며, 민중신학도 결국은 이러한 원리를 뒷받침하고 있는 것이다. 그러므로 자유주의 신학자들이 주장하는 유토피아관은 어디까지나 십자가 안에서 서로가 하나 되는 것이며, 예수님이 지신 십자가는 인류를 구원하기보다는 가난한 자에게 소망을, 눌린 자에게 자유를 주는 인간 박애정신과 지상에서의 보다 나은 삶(better life)이 그 전부라고 해도 과언은 아니다.

그러나 우리 인류의 진정한 소망은 소망의 신학자 몰트만의 논리의 차원을 초월하는 영원한 소망이요, 이 땅에서의 어떠한 만족이 아니라 죽음 이후에 오는 영원한 안식과 영생에 있는 것이다.

예수님은 바로 이 영원한 소망을 주시기 위하여 이 땅에 오신 것이며, 인류의 구원을 위하여 십자가를 지셨고 부활의 진정한 소망을 이룩하신 것이다.

그러므로 성경은 서로가 서로를 보완하면서 그 짝을 이루고 있기에 한 절을 연구하고 해석할 때 앞뒤의 문맥을 유심히 살펴야 하며, 어떠한 특수 구절만 떼어서 해석하게 될 때 자유주의의 위험한 방법을 답습하게 되는 것이다.

그러므로 구약은 신약에서, 신약은 구약에서 짝을 찾고, 서로의 관계성과 그 문맥이 주는 흐름을 심도 있게 조사해야 할 필요가 있다.

8 성경 해석의 필요성

성경은 하나님의 말씀이요 전지전능하신 하나님의 말씀이 인간의 용어로 기록되었기에 하나님의 말씀을 정확하게 해석하는 일은 무엇보다 필요하고 중요한 과제라 하겠다.

고든 피(Gordon Fee) 박사는 래드(George Ladd) 교수의 말을 인용하면서 "성경은 역사 속에서 사람의 언어로 주어진 하나님의 말씀이다. 성경을 해석해야 하는 이유는 바로 성경의 이러한 이중적인 성격 때문이다"[1]라고 기록한 후 "성경은 하나님의 말씀이기 때문에 영원한 타당성(eternal relevance)을 갖는다. 곧 모든 시대 모든 문화를 망라하여 전 인류에게 해당되는 말씀이 된다. 동시에 하나

1) Gordon D. Fee(오광만 역), 성경해석 입문 (서울: 한국성서유니온, 1993), p. 19.

님은 역사 속의 인간의 말을 통해서 자신의 말씀을 전달하시기를 선택하셨으므로 성경의 각 책들은 또한 역사적 특수성(historical particularity)을 갖는 것이며, 이처럼 성경의 영원한 타당성과 그 역사적 특수성이 서로 긴장상태에 있기 때문에 성경을 해석해야 할 필요성이 대두된다"[2]라고 하였다.

박형용 박사는 성경 해석의 필요성을 강조하는 글에서 "성경은 성경 자체의 계시로서의 특성과 관계된다. 즉 특별계시로서의 성경은 성경 해석의 필요성을 함축하고 있기 때문이다. 성경 계시는 하나님께서 인간에게 감추어진 것을 나타내신 행위이므로 하나님께서 성경으로 말미암아 말씀하신 내용을 밝히고 하나님의 말씀의 의미를 찾아내어야 하는데 여기서 성경 해석의 필요성을 찾게 된다"[3]라고 하였다.

오늘날 기독교 내부에서도 수많은 교파가 갈등을 일으키고 사이비 종교 또는 이단들이 생겨나게 된 것은 바로 이러한 성경의 계시성과 이중성을 잘못 이해함으로 무서운 과오를 범하게 된 것이라고 할 수 있겠다.

해석학의 권위자인 버나드 램(Benard Ramm) 박사는 해석학에 대하여 정의하기를 "성경해석학은 성경 주석의 과학인 동시에 기술이다. 하나의 체계 속에서 법칙의 지배를 받으므로 과학인 것이

2) Ibid., pp. 19-20.
3) 박형용, op. cit., p. 27.

며, 그 법칙의 적용이 기계적 모방에 의존하지 않고 능란한 솜씨에 의존하므로 기술이다"[4]라고 하였다.

이러한 정황들을 감안해 보면 성경은 보다 쉽고 간결하게 이해될 수 있도록 해석하고, 일반 신자들이 관심을 가지고 읽고 묵상할 수 있도록 설명해야 할 필요가 있는 것이다.

모든 성경은 하나님의 영감으로 기록된 것임을 믿는 믿음의 전제 위에 세워진 칼빈주의 신학은 성경이 신앙의 제일 되는 법칙일 뿐 아니라 신앙의 유일한 법칙임을 믿는다.

그렇다면 영감된 하나님의 불변하신 말씀을 바로 깨달아 해석하여야 할 사명은 무엇보다 우선과제가 되어야 할 것이다.

오늘날 무섭게 도전해 오는 현대 신학사조는 어디까지나 그 강조점이 인간 자신에게 있다. 소망의 신학, 해방신학, 흑인신학 그리고 혁명신학이 그러하고 오늘날 민중신학이 그 부산물로 생겨났는데, 1973년 "한국기독교 선언"이란 글에서 가난과 부자유에서의 해방만이 진정한 유토피아의 건설(建設)임을 강조하였다.

우리는 성경의 교훈대로 가난한 사람들을 돌보고 그들에게 땅의 빵을 제공하는 일을 게을리 하지 않아야 한다.

그러나 말씀의 원리로 돌아가서, 하늘의 떡 되시며 모든 지혜와 지식의 부가 넘치는 영감된 하나님의 말씀을 바로 해석하고 가르쳐야 할 사명을 결코 게을리 하지 않아야 할 것이다.

---

4) Bernard Ramm(권혁봉 역), 개혁주의 성경 해석 (서울: 생명의 말씀사, 1974), p. 19.

현대신학사상에 결정적인 영향을 끼쳤던 라인홀드 니버(Reinhold Niebuhr)는 《*Moral man and Immoral society*》에서 비도덕적인 사회가 도덕적인 인간을 망하게 하였다고 민중을 옹호하여 대변하였지만 칼빈주의(Calvinism)는 "부패한 인간이 바로 그 사회를 망하게 하고 비도덕화시켰다"[5]라고 주장한다.

칼빈주의는 민중의 소리를 귀하게 생각하지만 그러나 민중의 소리를 듣기 전에 먼저 하나님의 음성에 귀를 기울이기를 더 우선으로 생각하는 것이다. 왜냐하면 민중의 소리는 어디까지나 절대적인 것이 아니고 상대적이기 때문이다.

우리는 먼저 신령한 눈을 열어 만사 만물을 섭리하시고 주장하시는 하나님께로 초점을 맞추고 우주를 보고 사람을 보며 삼라만상을 분변해야 한다.

인간은 누구나 죄로 어두워져 있기 때문에 하나님께서 주시는 새로운 지식과 성령의 도우심을 입을 때에만이 모든 것이 가능하며, 우리 인간의 외적 가난 이상의 가난은 심령 내부에 깔린 영적 가난임을 먼저 아는 지혜가 필요한 것이다.

그러므로 인간의 비참함이 어디서 왔는가를 먼저 성경의 원리에서 찾아 인간의 근본문제인 죄 문제를 해결하러 오신 그분의 말씀 앞에 겸손히 무릎을 꿇고 자신을 쳐서 복종시키는 개혁운동(Reformed Movement)이 먼저 우리의 심령 내부에서 일어나야 하겠다.

---

5) David Steele, op. cit., pp. 20-21.

로마 가톨릭은 아예 성경을 해석하려고 시도도 하지 않고 수많은 세월을 봉하여 두었을 뿐 아니라 오히려 교황의 문서와 가경만을 가르쳐 왔기에 결국 교황의 권위만 높아지게 되었던 것이다.

칼빈주의의 권위자인 워필드(Benjamin Warfield) 박사는 "하나님께서 성경을 기록하실 때 성령으로 말미암아 기록하게 하신 것은 자신의 권위를 나타내시고 또한 자신을 온전히 알리시고자 함이었다"[6]라고 하였다.

그러므로 종교개혁자들의 한결같은 슬로건(slogan)은 "성경으로 돌아가자"(Back to the Bible) 그리고 "오직 하나님께 영광"(Soli Deo Gloria)이었는데, 사실상 이 절규야말로 종교개혁의 도화선(導火線)이 된 것이다. 이는 하나님의 말씀을 하나님의 말씀으로 그 가치를 인정하고 하나님의 권위와 그에게 돌려져야 할 영광을 온전히 돌려 드리자고 하는 데 그 목적이 있다.

사단이 21세기를 맞이하여 혼란한 신학사조를 최대한 이용하면서 말씀 중심의 신학체계를 무너뜨리고 저들의 왕국 건설에 혈안이 되어 있는 이때, 우리는 모든 은사와 지혜를 동원하여 하나님의 불변하신 말씀의 검으로 저들의 불신앙적이고 파괴적인 이론(理論)을 깨뜨리고 말씀 중심의 신학체계(神學體系)를 정립해 나가야 하겠다.

---

6) Benjamin Warfield, The Inspiration and Authority of the Bible (NJ: Presbyterian and Reformed, 1948), p. 155.

그러기 위해서는 무엇보다 하나님의 말씀이 그 권위를 회복하고 나아가 심도 있는 말씀연구와 성경의 바른 해석이 절실히 요구되는 것이다.

9

해석학과 석의의 관계

성경 해석의 원리를 정의하면서 우선 해석학(Hermeneutics)과 밀접한 관계를 지니고 있는 석의(Exegesis)에 대하여 바른 이해가 있어야 하겠다.

석의(exegesis)란 단어는 희랍어 'ἐξ'(ex)와 'γε'(ge)의 합성어인데, 'γε'는 '토양'(soil) 또는 '근원'(ground)의 뜻이 함축되어 있으며, 'ἐξ'는 '……로부터'(out of)의 역할을 한다.

그러므로 Exegesis가 갖는 진정한 의미는 '근원으로부터' 또는 '토양으로부터'라고 할 수 있다. 우리의 진정한 토양이나 근원은 무엇인가? 그것은 다름 아닌 '하나님의 말씀' 바로 그 자체이다.

어근(語根)이 보여 주는 바와 같이 석의는 어디까지나 본문 자체에 무게를 두고 단어 하나하나에서 하나님께서 의도하시는 본래의 뜻을 찾아내는 데 주력(注力)한다. 그러므로 본문이 원래 지니고 있는 의미를 문법적으로 최대한 살피고 그 본문이 주는 뜻을 원문대로 파악하는 데 목적을 두고 있으므로 원어 실력 배양에 주력하지 않고서는 이해하기가 어려운 과목이라 하겠다.

해석학도 물론 본문에 충실하고 거기에서 조금도 이탈하지 않으려고 하는 원칙이 있으나, 그 본문이 주는 의미를 좀 더 광범위하면서도 독자로 하여금 보다 쉽고 간결하게 이해하도록 하기 위하여 성경 기록 당시의 시대적인 배경이나 기자들의 인격과 정황들을 충분히 검토한 후, 그것을 시대감각에 맞도록 배려하고 연구하여 석의 과제와 모순되지 않게 성경에 접근하는 학문이라 하겠다.

해석학의 권위자 고든 피(Gordon Fee) 박사는 정의하기를 "성경 해석학(Hermeneutics)은 본문의 의미를 오늘날 다양한 정황들을 살펴가면서 성경을 연구하는 것이며, 석의(Exegesis)는 본문이 본래 의미한 바가 무엇인가를 밝히면서 어디까지나 원문에 강조점을 둔다"[1]라고 하였고, 박형용 박사는 "해석학은 성경 해석의 원리를 형성하는 데 주안점을 두며, 석의는 해석학의 인도를 받아 성경 본문을 실제적으로 이해하는 데 주력하는 것이다. 즉 석의는 성경

1) Gordon D. Fee(오광만 역), 성경을 어떻게 읽을 것인가 (서울: 성서유니온, 1993), p. 10.

원리를 본문에 적용시키는 데 강조성이 있으며, 해석학은 성경해석자를 인도하여 본문을 석의하게 하는 것이다. 그러나 해석자의 손안에 있는 하나의 도구로 생각하는 것이 아니라 어디까지나 해석학은 해석자의 인격을 통해 석의와 연관시켜 주는 학문이다"[2] 라고 하였다.

그러므로 석의(Exegesis)는 해석학과는 불가분리의 관계가 있으므로 현대 신학자들은 양자의 특성을 최대한 살리면서 상호 보완하는 방법을 취하고 있으며, 오늘날 대개의 보수계 신학자들은 'Exegesis'와 'Hermeneutics'를 같은 맥락에서 취급하면서 서로가 서로를 보완하도록 하는 방법을 취하는 경향이 있다.

무엇보다 중요한 것은 우리가 성경을 해석할 때 또는 성경의 참된 의미를 찾아내기 위해서는 성경의 참 저자가 되시는 하나님의 지혜를 간구하여야 하며, 그러기 위해서는 번역서보다는 먼저 원어의 뜻을 살피는 습관이 무엇보다 선결요건이 된다.

그리하여 그것을 문법적으로 비교 분석하고, 고고학적으로 그리고 역사적 상황에 비추어 연구하고 비교하여 하나님의 뜻을 바로 찾아내어 실제로 적용하는 데 그 목적을 두어야 할 것이다.

2) 박형용, op. cit., pp. 22-23.

10 석의(Exegesis)의 적용

Ⅰ. 사도 요한의 'λόγος'관 및 석의

사도 요한은 먼저 그리스도의 신분(identification)을 정의하면서 복음서를 시작하는데, 1절 한 절에서 '로고스'(*λόγος*)를 세 번이나 반복하며 그리스도의 영원성(Eternity), 인격성(Personality) 그리고 신성(Deity)을 강조하고 있다.

요한복음 1장 1절

Ἐν ἀρχῇ ἦν ὁ λόγος,

에 태초 계시니라 그 말씀이

καὶ ὁ λόγος ἦν πρὸς τὸν θεόν,

그리고 그 말씀이 계셨으니 함께 하나님과

καὶ θεὸς ἦν ὁ λόγος.

곧 하나님이시라 그 말씀은

Exercise

1. *ἀρχῇ*와 *ἦν* 동사의 특수 의미를 살펴보라.

2. *πρὸς* 전치사를 사용한 이유를 검토해 보자.

3. 중요단어 및 연관된 문맥들을 찾아보라.

"In the beginning was the Word,
and the Word was with God,
and the Word was God."

여기서 그리스도는 창세 전에 독생하신 하나님이셨으며 하나님의 본성을 지니신 분이심을 강조하고 있는데, 그것은 '로고스'(*λόγος*)란 단어를 한 절에서 세 번이나 반복함을 보아서 알 수 있다. 특별히 남성 단수 주격 정관사 '호'(*ὁ*)를 그리스도를 대변하는 '로고스'(*λόγος*)에 첨부하여, 그 로고스는 창세 전과 창조 시 그리고 영원까지 하나님의 신분으로 존재함을 나타내 보인다.

희랍어(Greek)에는 부정관사가 없는 반면에 정관사를 붙이는 경우에는 특수한 의미와 성격을 주며, 그것을 세 번이나 반복하고 있는 것은 보다 깊은 진리가 담겨 있음을 알 수가 있다.

자유주의 신학자들은, 사도 요한이 그리스도를 소개하면서 로고스란 용어를 사용한 것은 필로(Judeus Philo, B.C. 20-A.D. 50)의 영향을 받았을 것이라고 주장한다.

필로(Philo)는 예수님 당시 그리스의 권위 있는 철인(哲人)으로 인정받고 있었는데 그의 논문 "Expository of the Law"[1]에서 언급한 바와 같이 우주의 창조는 하나님께서 로고스를 통해 이룩하셨으며 그 로고스는 창조의 근원으로서만 존재하는 것이 아니라 자연의 법칙으로서 우주 안에 거하고 있다는 학설이 발표된 후 그의 로고스관은 헬레니즘(Hellenism)권에 있는 지식인만이 아니라 헤브라이즘(Hebraism)의 영향권에 있는 모든 영역에까지 지대한 영향을 미치고 있었다.

그러므로 사도 요한도 필로의 사상에 많은 영향을 받았을 것이라고 주장을 하지만, 물론 이러한 학설과 논증들도 근거는 없지 않으나, 그러나 여기서 우리가 주의해야 할 점은 인간의 이성적인 추론을 가지고 하나님의 거룩하신 섭리의 뜻을 판단하고 이해한다는 것은 너무나 위험한 사상이 될 것이며 하나님의 말씀을 오용(誤用)하는 계기가 됨을 인지하여야 한다.

---

1) 한영제, 기독교 대백과사전 (서울: 기독교문사, 1990), pp. 1266-1267.

하나님께서는 자신의 뜻을 나타내고자 하실 때에 말씀을 통하여 하기를 기뻐하셨는데, 특별히 자신의 독생자를 소개하면서 인간의 공리나 사상가의 어떤 추론적인 학설들을 도입하셨는가 하는 것이다.

로고스란 단어가 당시 헬라권과 히브리권에 있는 사람들에게 매우 친숙한 단어임을 사도 요한도 충분히 감지했을 가능성은 배제할 수 없으나 중요한 것은 남성 단수 주격을 나타내는 정관사인데, 바로 너희들이 고대하고 익히 이해하고 있는 '로고스'에 정관사를 첨부하여 바로 그분이 하나님의 독생자이시며 기름 부음 받은 자이심을 강조하고자 한 것이다.

칼빈은 "사도 요한은 본문 서두를 시작하면서 그리스도의 영원한 신성과 동시에 영원한 하나님이심을 선포한다"[2]라고 주석하였다.

1절 (상)

Ἐν ἀρχῇ ἦν ὁ λόγος,

여기서 '태초에'라고 하는 '엔 알케'(ἐν ἀρχῇ)는 미완료형인 '엔'(ἦν)과 연결되어 '로고스'(λόγος)의 영원성(Eternity)을 나타낸다.

미완료 동사는 헬라어에만 나오는 특수한 시상인데, 시간적으로는 태초 또는 창세 전이며, 일정한 시간을 초월한 영원성을 나타냄과 동시에 존재적으로는 만물의 근원으로서의 성격이 된다.

---

2) John Calvin, John Calvin's Commentaries, Translated by T.H. Parker (Grand Rapids: Eerdmans Publishing, 1958), p. 7.

1절 (중)

καὶ ὁ λόγος ἦν πρὸς τὸν θεόν.

여기서는 '로고스'의 인격성(Personality)을 보여 주고 있는데, 그것은 '톤 데온'(τὸν θεόν) 앞에 '프로스'(πρὸς)라는 동적인 전치사를 사용함으로써 성부 하나님과의 부단한 인격적 교제를 보여 준다. 헬라어에는 '엔'(ἐν)과 '쉰'(σύν) 또는 '메타'(μετά) 같은 전치사들이 있는데 이것들은 정적(靜的)인 관계에만 사용되며, '프로스'(πρός)는 동적이며 인격적인 관계를 가질 때에 사용되는 전치사이다. 이러한 점을 감안할 때 사도 요한은 자신이 본 성부 하나님과 성자 하나님의 개성적(個性的)인 관계와 인격적인 교제를 강조하는 의미에서 이 전치사를 사용하였다고 본다.

칼빈은 본문을 주석하면서 "영원 전부터 그리스도는 성부 하나님과의 부단한 인격적 관계를 유지하고 있었음을 증명하여 준다"[3]라고 하였다.

1절 (하)

καὶ θεὸς ἦν ὁ λόγος.

여기서는 '로고스'(λόγος)의 神性(Deity)이 강조되고 있다.

'데오스'(θεός)의 첫 자(字)가 소문자로 나온 것은 그리스도를 성부 하나님과 구별하고자 함이며, 정관사와 함께 '말씀'이 주어로

3) Ibid., p. 8.

나온 것은 제2위의 하나님이지만 그 로고스는 역시 하나님이시라는 데 초점을 맞춘다.

당시 그노시스주의자(Gnostic)나 헬라의 대표적 철인들은 '로고스'는 하나님과 인간 사이의 중간적 존재자로, 또는 피조물 중 가장 우월한 존재로 이해하려 했다.

이러한 사상이 필로(Philo)와 같은 학자들이 주장하는 바인데, 그러나 사도 요한은 자신이 친히 목도하고 체험한 예수 그리스도의 신성을 정확하게 나타내고자 한 것이다.

칼빈은 "성부와 성자의 인격을 구별해 줌으로써 삼위일체의 공리적인 기반을 마련하여 주며 그리스도는 아버지 하나님과 본질에 있어서 동일함을 보여 준다"[4]라고 하였다.

2절

οὗτος ἦν ἐν ἀρχῇ πρὸς τὸν θεόν.

Exercise

1. *ἐν ἀρχῇ*와 *ἦν*을 반복하는 이유가 무엇인가?

2. *πρὸς τὸν θεόν*이 반복해서 사용되는 이유를 적어 보자.

3. 중요단어 및 연관된 문맥들을 찾아보라.

4) Ibid., p. 9.

"그가 태초에 하나님과 함께 계셨고."

"He was with God in the beginning."

여기서 남성, 단수, 주격인 '후토스'(*οὗτος*)를 앞에 낸 것은 성육하신 그리스도를 강조하기 위함이며, '프로스 톤 데온'(*πρὸς τὸν θεόν*)에서 '프로스'(*πρός*) 전치사를 다시 반복함으로써 성부 하나님과의 신비로운 인격적 관계를 강조한다.

칼빈은 주석하기를 "사도 요한이 과거(미완료 시제)를 계속 강조하는 것은, 여기서 말하는 시작은 과거의 모든 시간 이전(so that you may understand that this beginning was before all time)임을 이해하도록 하기 위함이다"[5]라고 하였다.

3절

πάντα δι' αὐτοῦ ἐγένετο,
καὶ χωρὶς αὐτοῦ ἐγένετο
οὐδὲ ἕν. ὃ γέγονεν

Exercise

1. *αὐτοῦ*가 속격으로 된 이유는 무엇인가?

2. *ὃ γέγονεν*은 무엇을 지칭하는가?

3. 중요단어 및 연관된 문맥들을 찾아보자.

---

5) Ibid., pp. 9-10.

"만물이 그로 말미암아 지은 바 되었으니 지은 것이 하나도 그가 없이는 된 것이 없느니라."

"Through him all things were made; without him nothing was made that has been made."

여기서 '아우투'(*αὐτοῦ*)는 남성 단수 속격으로서 예수 그리스도를 나타낸다. '만물이 그로 말미암아'(판타 디 아우투 : *Πάντα δι' αὐτοῦ*)라고 한 것은 만물 발생의 원인을 설명하는 것이며, 그 만물 속에는 인생도 포함하고 있으니 그는 과연 우주의 창조자이시며 인생을 지으신 조물주가 되신다.

4절

ἐν αὐτῷ ζωὴ ἦν, καὶ ἡ ζωὴ
ἦν τὸ φῶς τῶν ἀνθρώπων·

Exercise

1. *αὐτῷ*는 누구를 가리키는가?

2. 두 번째 *ἦν* 동사의 진정한 의미를 찾아보자.

3. 중요단어 및 연관된 문맥들을 찾아보자.

"그 안에 생명이 있었으니 이 생명은 사람들의 빛이라."

"In him was life, and that life was the light of men."

뒤에 나오는 '조애'(ζωή) 앞에 정관사가 있는 것은 생명의 근원이신 그리스도는 피조계의 어떤 생명과도 비교할 수 없는 유일한 생명임을 나타낸다. 여기서 미완료형인 '엔'(ἦν)을 두 번 반복 사용한 것은 로고스의 생명은 창조된 것이 아니며 원래부터 존재하고 있었음을 강조한다.

구약학자 그로솨이데(Grosheide)는 앞부분에 나오는 생명 '조애'(ζωή)에 관사가 없는 것은 "일정한 생명이 아니고 영적인 생명을 포함한 자연적인 모든 생명을 포함하기 때문이다"[6]라고 하였다.

과연 그 '로고스'(λόγος)는 생명의 근원이 되시며 인생에게 영원한 생명을 주실 수 있는 메시아(그리스도)가 되신다.

5절

καὶ τὸ φῶς ἐν τῇ
σκοτίᾳ φαίνει, καὶ ἡ σκοτία
αὐτὸ οὐ κατέλαβεν.

6) Grosheide, Het Heilige Evangelie Volgens Johannes, Kommentaar Volume I, p. 70.

Exercise

1. 여기서 αὐτό는 무엇을 가리키는가?

2. ἡ σκοτία는 무엇을 의미하는가?

3. 중요단어 및 연관된 문맥들을 찾아보자.

"빛이 어두움에 비취되 어두움이 깨닫지 못하더라."

"The light shines in the darkness, but the darkness has not understood it."

'빛'(포스 : φῶς) 앞에 중성관사 '토'(τὸ)는 특수한 목적을 지닌 유일한 빛을 의미하며, '비취다'(파이내이 : φαίνει)는 3인칭 단수 현재 능동태 직설법으로서 영원한 현재를 의미하는 바, 그 빛은 창조 전, 창조 후 그리고 현재와 영원까지를 다 수용함과 동시에 생명의 빛이신 로고스는 역사적인 성육신을 통하여 죄악 세상에 계속해서 비취고 있음을 강조한다.

'어두움'(스코티아 : σκοτία) 앞에 정관사를 붙인 것은 막연한 어두움이 아닌 깊은 영적 어두움을 의미하고 있으며, 칼빈(J. Calvin) 선생이 말한 전적 부패의 인간 심령을 말한다.

그 구원의 빛은 지금도 계속해서 인간의 부패한 심령을 비추고 있지만 다만 패역한 인간의 심령이 그 빛을 받을 만한 준비가 되어 있지 못한 결과이다.

6절

Ἐγένετο ἄνθρωπος ἀπεσταλμένος παρὰ θεοῦ, ὄνομα αὐτῷ Ἰωάννης·

Exercise

1. *Ἐγένετο*를 parsing 해 보라.

2. *αὐτῷ*가 왜 여격이 되었는가?

3. 중요단어 및 연관된 문맥들을 살펴보자.

"하나님께로서 보내심을 받은 사람이 났으니 이름은 요한이라."
"There came a man who was sent from God;
his name was John."

요한복음은 사도 요한과 세례 요한이 예수님을 높이고 그분에게 최대한의 존귀와 영광을 부여하는 것으로 시작한다.

요한의 출생은 '에게네토'(*Ἐγένετο*) 즉 자연출생을 나타내는 동사가 쓰여진 반면에, 예수님은 항상 영원한 존재를 나타내는 '엔'(*ἦν*)이라는 미완료 동사로 쓰여진 것은 보다 깊은 의미가 있다.

'하나님께로부터'(파라데우 : *παρὰ θεοῦ*)는 1절의 전치사 '프로스'(*πρός*)와 대조를 이루는데, '파라'(*παρά*)는 일반적인 관계를 나타내는 전치사라면, '프로스'(*πρός*)는 인격적인 관계에서 사용하는 전치사이다.

'아페스탈메노스'(*ἀπεσταλμένος*)는 '아포스텔로'(*ἀποστέλλω*)의 완료 분사형 수동태로서, 특별한 사명을 가지고 보냄을 받은 자라는 뜻인데, 70인경(Septuagint)에서는 특별한 임무를 위임받아 파송될 경우에만 이 단어를 사용했다.[7)]

7절

οὗτος ἦλθεν εἰς μαρτυρίαν, ἵνα
μαρτυρήσῃ περὶ τοῦ φωτός, ἵνα
πάντες πιστεύσωσιν δι᾽ αὐτοῦ.

Exercise

1. *οὗτος*는 누구를 가리키는가?

2. *ἵνα*의 용법을 연구해 보라.

3. 중요단어 및 연관된 문맥들을 찾아보자.

---

7) *ἀποστέλλω*와 구별되는 *πέμπω* 동사는 일반적인 성격을 나타낼 때 사용됨.

"저가 증거하러 왔으니 곧 빛에 대하여 증거하고 모든 사람으로 자기를 인하여 믿게 하려 함이라."

"He came as a witness to testify concerning that light, so that through him all men might believe."

여기서 '앨덴'(*ἦλθεν*)은 '앨코마이'(*ἔρχομαι*)의 제2부정 과거로서, 특수한 사명을 가지고 단회적으로 나타난 것을 의미한다.

이와 같이 세례 요한은 예수님을 증거하기 위한 특별한 사명을 하나님께로부터 부여받은 증인이요, 또한 예수님의 선구자요, 그의 길을 예비하는 안내자의 역할을 담당하였다.

전치사 '페리'(*περὶ*)에 '투'(*τοῦ*) 관사가 와서 '오직 그 빛만을 증거하기 위하여'란 의미가 된다. 세례 요한이 참 빛 되신 그리스도에 관하여 심도 있는 지식을 가지고 있었음은 바로 본문의 신앙고백을 통하여 알 수 있다.

'디 아우투'(*δι' αὐτοῦ*)는, 3절에서는 그리스도의 영원성에 근거한 중보적인 사역을 의미하지만 여기서는 그리스도를 증거하기 위한 하나의 사역자의 역할임을 보여 준다.

8절

οὐκ ἦν ἐκεῖνος τὸ φῶς,
ἀλλ' ἵνα μαρτυρήσῃ περὶ τοῦ
φωτός.

Exercise

1. *ἐκεῖνος*는 누구를 가리키는가?

2. *ἀλλ'*의 의미를 말해 보라.

3. 중요단어 및 연관된 문맥들을 찾아보자.

"그는 이 빛이 아니요 이 빛에 대하여 증거하러 온 자라."

"He himself was not the light; he came only as a witness to the light."

사도 요한은 자신이 그리스도가 아님을 강력하게 부인하고 있는데, 그것은 '우'(*οὐκ*) 부정사를 문장 앞으로 나오게 한 것과 강한 반의어 '알'(*ἀλλ'*)을 보아서 알 수 있다.

당시 유대인들은 메시아를 대망하던 중 세례 요한에게 시선이 집중되었으며, 그를 그리스도로 삼고자 했을 때 그 메시아관에 대한 강한 부정이다.

9절

Ἦν τὸ φῶς τὸ ἀληθινόν, ὃ
φωτίζει πάντα ἄνθρωπον,
ἐρχόμενον εἰς τὸν κόσμον.

Exercise

1. φωτίζει를 parsing 해 보라.

2. κόσμον이 대격을 사용한 이유는 무엇인가?

3. 중요단어 및 연관된 문맥들을 찾아보라.

"참 빛 곧 세상에 와서 각 사람에게 비취는 빛이 있었나니."

"The true light that gives light to every man was coming into the world."

'엔'(ἦν)을 문장 서두에서 대문자로 기록한 것은 예수 그리스도 안에 있는 그 빛의 영원성과 불변성을 강조한다.

'그 빛은 각 사람에게'(파스 안드로포스 : πᾶς ἄνθρωπος)의 뜻은 인류의 전 영역에 비취는 빛을 의미하는데, 이것은 칼빈 선생이 말한 일반은총의 영역으로 볼 수 있다. 여기서 '비추인다'고 하는 '포티조'(φωτίζω)가 현재 직설법을 사용한 것은, 그 빛은 지금도 허물 많고 부패한 각 사람의 심령을 향하여 계속적으로 비취고 있다는 의미이다.

10절

ἐν τῷ κόσμῳ ἦν, καὶ
ὁ κόσμος δι᾽ αὐτοῦ ἐγένετο,
καὶ ὁ κόσμος αὐτὸν οὐκ ἔγνω.

Exercise

1. *ἔγνω*를 parsing 해 보라.

2. *αὐτὸν*은 누구를 가리키는가?

3. 중요단어 및 연관된 문맥들을 찾아보자.

"그가 세상에 계셨으며 세상은 그로 말미암아 지은 바 되었으되 세상이 그를 알지 못하였고."

"He was in the world, and though the world was made through him, the world did not recognize him."

여기서 미완료동사 '엔'(*ἦν*)은 그리스도의 영원한 존재를 나타내며 영원 전부터 계신 독생자께서 사람의 몸을 입으시고 '죄악 세상'(코스모스 : *κόσμος*)에 들어오셨으나 영적 감각이 극도로 부패한 세상의 마음은 그 영광의 구세주를 이해하지 못하였다고 하는 탄식적인 고백이다. 그것은 '기노스코'(*γινώσκω*) 앞에 강한 부정사

'우크'(*οὐκ*)에서 확인된다.

'에그노'(*ἔγνω*)는 '기노스코'(*γινώσκω*)의 3인칭 단수로서, 사물에 대한 지식이나 감각적인 지각 또는 선천적으로 받은 지식과는 다른 객관적인 통찰력이며 영적인 지식을 수반하는 차원 높은 수준의 지식이다.

11절

ϵἰς τὰ ἴδια ἦλθϵν, καὶ
οἱ ἴδιοι αὐτὸν οὐ παρϵλαβον.

Exercise

1. *παρϵλαβον*을 parsing 하라.

2. *οἱ ἴδιοι*의 진정한 뜻을 찾아보라.

3. 중요단어 및 연관된 문맥들을 찾아보자.

"자기 땅에 오매 자기 백성이 영접지 아니하였으나."

"He came to that which was his own, but his own did not receive him."

여기서 '이디아'(*ἴδια*)는 '이디오스'(*ἴδιος*)의 형용사 중성 복수로서 '자신의 소유'를 의미한다.

세상이 아무리 부패하고 사단이 득세한다 할지라도 그 세상은 그리스도의 소유물이며 그가 친히 창조한 세상임을 보여 주는 말씀이다.

'타 이디아'(*τὰ ἴδια*)는 자신을 강조하는 것으로서 '이디아'(*ἴδια*) 앞에 정관사는 자기 백성, 즉 이스라엘을 가리킨다.

12절

ὅσοι δὲ ἔλαβον αὐτόν, ἔδωκεν
αὐτοῖς ἐξουσίαν τέκνα θεοῦ
γενέσθαι, τοῖς πιστεύουσιν εἰς τὸ ὄνομα αὐτοῦ,

Exercise

1. *αὐτοῖς*는 누구를 말하는가?

2. *γενέσθαι*를 parsing 하라.

3. 중요단어 및 연관된 문맥들을 찾아보라.

"영접하는 자 곧 그 이름을 믿는 자들에게는 하나님의 자녀가 되는 권세를 주셨으니."

"Yet to all who received him, to those who believed in his name, he gave the right to become children of God."

'데'(δέ) 접속사는 우리 이방인에게 주시는 참으로 큰 은혜이다. 자기 백성들은 영접하지 아니하였으나 '그러나'(δέ)의 강한 반의 접속사의 사용을 보아 영접할 또 다른 우리에 있는 양들이 있음을 암시한다.

"또 이 우리에 들지 아니한 다른 양들이 내게 있어 내가 인도하여야 할 터이니 저희도 내 음성을 듣고 한 무리가 되어 한 목자에게 있으리라"(요 10:16).

'에라본'(ἔλαβον)은 '람바노'(λαμβάνω)의 제2과거로서 하나님과의 접촉이 이루어진 자를 의미함과 동시에 개인적 영접도 아울러 의미한다.

'그들이 영접하지 아니하였으나' 다음에 '그러나'라는 강한 반의문을 사용한 것은, 구원은 수량의 정도나 특정한 민족에 국한되는 것이 아니라 어디까지나 개인적임을 보여 주는 말씀으로 해석해야 한다. 하나님의 자녀가 되는 축복은 자신의 어떤 공로나 외부의 압력이나 지위나 신분에 관계없이 다만 위로부터 주어지는 은혜이기 때문이다.

유대인들은 율법으로 말미암아 의롭게 되기 위하여 부단히 노력하였으나 복음의 주체 되시는 예수 그리스도를 거역했기 때문에 하나님의 은혜로부터 떨어지게 된 것이다.

'된다'고 하는 '게네스다이'(γενέσθαι)는 '기노마이'(γίνομαι)의 제2과거 수동형으로서, 하나님의 자녀는 오직 은혜로 되어지는 것이며 그 사건이 하나님께로부터 주어지는 것임을 강조한다.

13절

οἵ οὐκ ἐξ αἱμάτων οὐδὲ
ἐκ θελήματος σαρκὸς οὐδὲ ἐκ
θελήματος ἀνδρὸς ἀλλ᾽ ἐκ
θεοῦ ἐγεννήθησαν.

Exercise

1. *οἵ*는 무엇을 가리키는가?

2. *θελήματος*를 parsing 해 보라.

3. 중요단어 및 연관된 문맥들을 찾아보라.

"이는 혈통으로나 육정으로나 사람의 뜻으로 나지 아니하고 오직 하나님께로서 난 자들이니라."

"children born not of natural descent, nor of human decision or a husband's will, but born of God."

12절에서 하나님의 자녀가 되는 과정을 설명했다면 본절에서는 자녀가 되는 근원을 보여 준다.

'육체적인 혈통'(엑스 하이마톤 : *ἐξ αἱμάτων*)이나 '육정'(에크 데레마토스 사르코스 : *ἐκ θελήματος σαρκός*)으로나 '사람의 뜻'(에크 데레마토스 안드로스 : *ἐκ θελήματος ἀνδρός*) 이 모두는, 인간의 이성에 의한 수양 또는 인간적 노력을 의미한다.

이러한 것들이 중생의 동인이나 요인이 될 수 없다고 하는 것은 '알'(ἀλλ')이라는 강한 반의문에서 보여 주고 있다.

'에게네데산'(ἐγεννήθησαν)은 '게나오'(γεννάω)의 3인칭 복수 1과거 직설법 수동형으로서 '하나님께로부터 출생한 자'만이 하나님의 자녀가 된다는 의미이며, 혈육이나 육체 그리고 인간의 의지 앞에 부정사 '우'(οὐ) 또는 '우데'(οὐδέ)가 세 번, 동인(動因)을 나타내는 전치사 '에크'(ἐκ)가 세 번씩 반복해서 나오는 것은, 하나님의 자녀가 되는 것이 절대로 혈과 육에 의하여 되어지는 것이 아니라 오직 하나님으로부터 출생된다는 것을 강조한다.

14절

Καὶ ὁ λόγος σὰρξ ἐγένετο
καὶ ἐσκήνωσεν ἐν ἡμῖν, καὶ
ἐθεασάμεθα τὴν δόξαν αὐτοῦ,
δόξαν ὡς μονογενοῦς παρὰ πατρός,
πλήρης χάριτος καὶ ἀληθείας.

Exercise

1. ἐθεασάμεθα를 parsing 해 보라.

2. ὡς와 μονογενοῦς의 연관성을 연구해 보라.

3. 중요단어 및 연관된 문맥들을 찾아보라.

“말씀이 육신이 되어 우리 가운데 거하시매 우리가 그 영광을 보니 아버지의 독생자의 영광이요 은혜와 진리가 충만하더라.”

“The Word became flesh and made his dwelling among us. We have seen his glory, the glory of the One and Only, who came from the Father, full of grace and truth.”

여기서는 ‘그리스도’(ὁ λόγος)의 화육(化育)을 다시 한 번 강조하고 있는데, ‘에게네토’(ἐγένετο)는 ‘기노마이’(γίνομαι)의 제2과거형으로서 자의적(自意的)인 의지가 포함되어 있다.

그렇다면 그리스도의 화육하심은 ‘친히 육체를 입으셨다’로 해석되며, ‘거하시매’(에스케노센 : ἐσκήνωσεν)는 ‘스케노오’(σκηνόω)의 제1단순 과거로서 ‘임시로 덮는다’ 또는 ‘장막을 친다’는 의미가 있다.

하나님께서는 독생자의 피로 우리를 구속하셨으나 천국으로 직행하게 아니하시고 광야 40년의 인생을 통하여 연단하셔서 천국 백성으로서 부족함이 없는 당신의 자녀로 삼고자 하시는 깊은 섭리가 있음을 보여 준다.

‘보니라’고 하는 ‘에데아사메다’(ἐθεασάμεθα)는 ‘데아오마이’(θεάομαι)의 제1과거 중간태 직설법으로서 ‘자세히 본다’ ‘신령한 눈으로 본다’ 또는 ‘체험하다’는 의미를 가지는 바, 독생자의 영광은 인간적인 육안으로써는 볼 수도 없고 이해할 수가 없는 것임을 나타내며, ‘독산’(δόξαν) 앞에 ‘탠’(τὴν) 정관사는 오직 그리스도만이 가지는 영광을 강조한다.

'사륵스'(*σάρξ*)는 몸을 의미하는 '소마'(*σῶμα*)와는 엄격히 구별되며 육체적인 인간 존재를 의미하는 바, 영지주의의 가현설(Docetism)은 이 한 단어로 일축할 수 있다.

15절

Ἰωάννης μαρτυρεῖ περὶ αὐτοῦ
καὶ κέκραγεν λέγων, Οὗτος ἦν
ὃν εἶπον, Ὁ ὀπίσω μου ἐρχόμενος
ἔμπροσθέν μου γέγονεν, ὅτι
πρῶτός μου ἦν.

Exercise

1. *αὐτοῦ*는 누구를 가리키는가?

2. *γέγονεν*을 parsing 하라.

3. 중요단어 및 연관된 문맥들을 찾아보자.

"요한이 그에 대하여 증거하여 외쳐 가로되 내가 전에 말하기를 내 뒤에 오시는 이가 나보다 앞선 것은 나보다 먼저 계심이니라 한 것이 이 사람을 가리킴이라 하니라."

"John testifies concerning him. He cries out, saying, 'This was he of whom I said, He who comes after me has surpassed me because he was before me.'"

'증거하여'라고 하는 '마르튀레이'(*μαρτυρεῖ*)의 어근은 '마르튀레오'(*μαρτυρέω*)의 현재형으로서 계속적인 증인의 사명을 수행하고 있음을 보여 주며, '엠프로스덴'(*ἔμπροσθέν*)과 '프로토스'(*πρῶτός*) 등은 '앞서다' 또는 '먼저 존재한다'를 의미하는데, 그리스도는 세례 요한 자신보다 먼저 계신 분임을 강조하며, '그분'(*Οὗτος*)을 앞세우고 증거하는 일의 우선순위를 나타낸다.

16절

ὅτι ἐκ τοῦ πληρώματος
αὐτοῦ ἡμεῖς πάντες ἐλάβομεν,
καὶ χάριν ἀντὶ χάριτος·

Exercise

1. *ἐκ*와 *τοῦ*의 연관성을 말하라.

2. *ἀντί*의 역할을 말해 보라.

3. 중요단어 및 연관된 문맥들을 찾아보자.

"우리가 다 그의 충만한 데서 받으니 은혜 위에 은혜러라."

"From the fullness of his grace we have all received one blessing after another."

'헤메이스'(ἡμεῖς)는 13절에서 말한 '하나님께로서 난 자들'을 말하며, '프레로마토스'(πληρώματος) 앞에 정관사 '투'(τοῦ)는 14절에 나오는 '은혜와 진리'를 가리킨다. '은혜 위에 은혜'(χάριν ἀντὶ χάριτος)에서 '안티'(ἀντὶ) 전치사는 완전하고 영원한 은혜, 즉 독생자의 은혜와 영광을 의미하며, 영역 'grace for grace'는 원문에 근접된 번역이다.

17절

ὅτι ὁ νόμος διὰ Μωϋσέως
ἐδόθη, ἡ χάρις καὶ ἡ ἀλήθεια
διὰ Ἰησοῦ Χριστοῦ ἐγένετο

Exercise

1. ὅτι가 왜 앞부분에 나왔는가?

2. ἐγένετο를 parsing 하라.

3. 중요단어 및 연관된 문맥들을 찾아보자.

"율법은 모세로 말미암아 주신 것이요 은혜와 진리는 예수 그리스도로 말미암아 온 것이라."

"For the law was given through Moses; grace and truth came through Jesus Christ."

'은혜와 진리' 앞에 나오는 정관사 '헤'(*ἡ*)는 14절에서 보여 준 대로 독생자만이 지니고 있는 은혜와 진리이다.

'그 율법'(호 노모스 : *ὁ νόμος*)에서 '*ὁ*' 정관사는 '디아 모우세오스'(*διὰ Μωϋσέως*)와 연결되며, 율법이 '모세를 통하여' 온 것임을 강조한다. 율법주의자인 유대인들은 예수 그리스도를 통하여 주어진 은혜와 진리를 곡해하여 너무 율법만을 신성시하다가 망한 민족이요, 하나님의 은혜에서 떨어진 자들이 되었다.

18절

θεὸν οὐδεὶς ἑώρακεν πώποτε·
μονογενὴς θεὸς ὁ ὢν
εἰς τὸν κόλπον τοῦ πατρὸς
ἐκεῖνος ἐξηγήσατο.

Exercise

1. ἐξηγήσατο를 parsing 해 보라.

2. τὸν κόλπον 앞에 εἰς 전치사를 사용한 이유를 말해 보라.

3. 중요단어 및 연관된 문맥들을 찾아보라.

"본래 하나님을 본 사람이 없으되 아버지 품속에 있는 독생하신 하나님이 나타내셨느니라."

"No one has ever seen God, but God the One and Only, who is at the Father's side, has made him known."

'독생하신'에서 '모노게네스'(μονογενής) 뒤에 남성 주격 정관사 '호'(ὁ)는 독생하신 자가 곧 하나님이심을 분명히 하고자 하는 것이며, '모노게네스'(μονογενής)와 '데오스'(θεός)가 함께 나오는 것은 독생하신 그리스도의 신성을 강조한다.

'데온 우데이스'(θεὸν οὐδεὶς)는 '결코 없다'는 뜻으로서, 비록 모세가 옛적에 하나님을 대면하기는 했으나 본체를 본 것은 아니다.

정관사 'ὁ'는 '에케이노스'(ἐκεῖνος)와 함께 그리스도를 가리키는 바, 죄인 된 인간이 거룩하신 하나님을 친히 본다는 것은 죽음을 의미하므로,[8] 오직 독생하신 하나님이시요 본체의 영광이신 그분

8) 출 33:20 참조.

만이 하나님을 보여 줄 수 있는 '엑세게오마이'(*ἐξηγέομαι*)의 자격자임을 강조한다.

19절

Καὶ αὕτη ἐστὶν ἡ μαρτυρία τοῦ Ἰωάννου, ὅτε ἀπέστειλαν οἱ Ἰουδαῖοι ἐξ Ἱεροσολύμων ἱερεῖς καὶ Λευίτας ἵνα ἐρωτήσωσιν αὐτόν, Σὺ τίς εἶ;

Exercise

1. *ἐξ* 전치사를 사용한 이유를 말하라.

2. *ἐστὶν*을 parsing 하라.

3. 중요단어 및 연관된 문맥들을 찾아보자.

"유대인들이 예루살렘에서 제사장들과 레위인들을 요한에게 보내어 네가 누구냐 물을 때에 요한의 증거(證據)가 이러하니라."

"Now this was John's testimony when the Jews of Jerusalem sent priests and Levites to ask him who he was."

'네가 누구냐'(쉬 티스 에이 : *Σὺ τίς εἶ*)라고 물어본 것은 세례 요한을 향하여 네가 그 메시아가 아니냐는 의미가 내포된 문장이며, 여기서 그들의 메시아 대망사상을 엿볼 수 있다.

만약 요한이 이때에 잠잠히만 있었어도 그는 그리스도의 영광을 취할 수 있었던 순간이었다.

20절

καὶ ὡμολόγησεν καὶ οὐκ ἠρνήσατο,
καὶ ὡμολόγησεν ὅτι Ἐγὼ οὐκ εἰμὶ
ὁ Χριστός.

Exercise

1. 뒤에 나오는 *καί*의 역할은 무엇인가?

2. 여기서 *ἐγώ*가 첨가된 이유를 말하라.

3. 중요단어 및 연관된 문맥들을 찾아보자.

"요한이 드러내어 말하고 숨기지 아니하니 드러내어 하는 말이 나는 그리스도가 아니라 한대."

"He did not fail to confess, but confessed freely, 'I am not the Christ.'"

여기서 접속사 '카이'(*καί*)를 세 번 반복하는 것은 자신은 다만 증인의 신분이라는 것을 강조하는 것이며, 또한 그 주제의 중요성과 거기에 대한 답변의 심각성을 보여 준다.

'드러내어 말하고'(호모로게센 : ὡμολόγησεν)는 '호모로게오'(ὁμολογέω)의 1과거 직설법으로서 요한 자신의 증언이 믿음의 확신에서 우러나오는 고백임을 보여 주며, '에르네사토'(ἠρνήσατο)는 '아르네오마이'(ἀρνέομαι)의 1과거 중간태로서 자신은 그리스도가 아님을 분명히 하고자 하는 강한 의지를 볼 수 있다.

21절

καὶ ἠρώτησαν αὐτόν, Τί οὖν;
Σύ Ἠλίας εἶ; καὶ λέγει, Οὐκ εἰμί.
Ὁ προφήτης εἶ σύ; καὶ ἀπεκρίθη, Οὔ.

Exercise

1. προφήτης 앞에 왜 정관사가 왔는가?

2. ἀπεκρίθη를 parsing 하라.

3. 중요단어 및 연관된 문맥들을 찾아보자.

"또 묻되 그러면 무엇, 네가 엘리야냐 가로되 나는 아니라 또 묻되 네가 그 선지자냐 대답하되 아니라."

"They asked him, 'Then who are you? Are you Elijah?' He said, 'I am not.' 'Are you the Prophet?' He answered, 'No.'"

재차 질문에 대한 답변에서 '우크 에이미'(*Οὐκ εἰμί*)라고만 하고 20절과 같이 '에고'(*ἐγω*)를 취하지 않은 것은, 자신은 그리스도가 아니며 엘리야도 아님을 강하게 인식시키고자 하는 의지를 보여주며, 선지자 앞에 '*ὁ*' 정관사는 구약에 예언된 그 메시아를 가리킨다.

22절

εἶπαν οὖν αὐτῷ, Τίς εἶ; ἵνα
ἀπόκρισιν δῶμεν τοῖς πέμψασιν
ἡμᾶς· τί λέγεις περὶ σεαυτοῦ;

Exercise

1. *ἵνα*의 역할을 말해 보라.

2. *λέγεις*를 parsing 하라.

3. 중요단어 및 연관 문맥들을 찾아보자.

"또 말하되 누구냐 우리를 보낸 이들에게 대답하게 하라 너는 네게 대하여 무엇이라 하느냐."

"Finally they said, 'Who are you? Give us an answer to take back to those who sent us. What do you say about yourself?'"

여기서 '또 말하되'에서 논쟁적 뉘앙스를 지니고 있는 '운'(οὖν)을 사용한 것은 그들이 얼마나 마음들이 조급하였는가를 엿볼 수 있는 부분이며, 분명한 답변을 상부에 보고할 자료를 찾고자 함이 역력하다.

23절

ἔφη, Ἐγὼ φωνὴ βοῶντος ἐν τῇ ἐρήμῳ,
Εὐθύνατε τὴν ὁδὸν κυρίου,
καθὼς εἶπεν Ἠσαΐας ὁ προφήτης.

Exercise

1. ὁδὸν 앞에 왜 여성관사를 취했는가?

2. ἐρήμῳ를 parsing 하라.

3. 중요단어 및 연관된 문맥들을 찾아보라.

"가로되 나는 선지자 이사야의 말과 같이 주의 길을 곧게 하라고 광야에서 외치는 자의 소리로라 하니라."

"John replied in the words of Isaiah the prophet, 'I am the voice of one calling in the desert, Make straight the way for the Lord.'"

여기서 '에페'(ἔφη)는 '페미'(φημί)의 부정 과거형인데 이것이 문장 서두에 온 것은 요한의 증거를 부각시키는 의미로 보아야 하며, '길'(호돈 : ὁδὸν) 앞에 'τὴν' 정관사는 그리스도가 오신 길은 유일한 길이며 영원한 진리임을 강조한다.

'외치는 자의 소리'(포네 보온토스 : φωνὴ βοῶντος)에서, 두 단어에 공히 관사를 사용하지 않은 것은 히브리어(콜 코라 : קול קורא)를 그리스어 형태로 번역한 것이며, 이런 경우에는 감탄문으로 표현된다.

'소리'(포네 : φωνή) 앞에 관사가 없는 것은 증인의 사명은 어디까지나 그리스도만을 전하고 없어지는 것임을 암시한다.

24절

Καὶ ἀπεσταλμένοι ἦσαν ἐκ τῶν Φαρισαίων.

Exercise

1. 여기서 ἐκ 전치사를 사용한 이유를 말하라.

2. ἀπεσταλμένοι를 parsing 하라.

3. 중요단어 및 연관된 문맥들을 찾아보자.

"저희는 바리새인들에게서 보낸 자라."

"Now some Pharisees who had been sent."

'보낸 자라'(아페스탈메노이 : ἀπεσταλμένοι)는 '아포스텔로'(ἀποστέλλω)의 수동태 분사 완료형으로서 계속적으로 보내어진 상태를 의미하며, 군대의 전령과 같은 사명자에 해당한다. 그러므로 그리스도의 증인들은 세상의 어떤 권력이나 명예를 위해서가 아닌 오직 하나님으로부터 보냄을 받은 자로서의 사명자이며 그분만을 증거하는 일에만 관심을 가져야 함을 암시한다.

25절

καὶ ἠρώτησαν αὐτὸν καὶ εἶπαν αὐτῷ,
Τί οὖν βαπτίζεις εἰ σὺ οὐκ εἶ
ὁ Χριστὸς οὐδὲ Ἠλίας οὐδὲ ὁ προφήτης;

Exercise

1. 앞에 나오는 εἰ의 역할에 대하여 말해 보라.

2. βαπτίζεις를 parsing 하라.

3. 중요단어 및 연관된 문맥들을 찾아보라.

"또 물어 가로되 네가 만일 그리스도도 아니요 엘리야도 아니요 그 선지자도 아닐진대 어찌하여 세례(洗禮)를 주느냐."

"questioned him, 'Why then do you baptize if you are not the Christ, nor Elijah, nor the Prophet?'"

'네가 어찌하여 세례를 주느냐'(티운 밥티제이스 : *Τί οὖν βαπτίζεις*)는 '무슨 자격으로 세례를 베푸느냐'로 해석될 수 있는데, 이렇게 볼 때 당시 유대인들의 관심이 항상 그 사람의 신분과 자격에 있었음을 엿볼 수 있다.

그러나 세례 요한의 관심은 자신의 사명이 무엇이며 그 사명수행에만 집중되어 있음을 다음 대답에서 보여 준다.

26절

ἀπεκρίθη αὐτοῖς ὁ Ἰωάννης
λέγων, Ἐγὼ βαπτίζω ἐν
ὕδατι· μέσος ὑμῶν ἕστηκεν
ὃν ὑμεῖς οὐκ οἴδατε,

Exercise

1. *ὕδατι*에 관사가 없는 이유를 말하라.

2. *ἀπεκρίθη*를 parsing 하라

3. 중요단어 및 연관된 문맥을 찾아보라.

"요한이 대답하되 나는 물로 세례(洗禮)를 주거니와 너희 가운데 너희가 알지 못하는 한 사람이 섰으니."

"'I baptize with water', John replied, 'but among you stands one you do not know."

여기서 '에고'('Εγω)가 후반 문장을 이끄는 것은, 자신은 물로 세례 주는 주인공이지만 진정한 불(성령)세례의 능력은 내가 아니라는 데 강조성이 있다.

'한 사람이 섰으니'에서 '헤스태캔'(ἕστηκεν)은 '히스태미'(ἵστημι)의 3인칭 단수 완료 직설법으로서 '그가 나타내 보인다' 또는 '계시한다' 등의 뜻을 가지며, '오이다태'(οἴδατε)는 '오이다'(οἶδα)의 2인칭 복수 완료형으로서 바로 인식하지 못했다는 뜻인데 이것은 영적 무지를 의미한다.

27절

ὁ ὀπίσω μου ἐρχόμενος, ου
οὐκ εἰμὶ [ἐγὼ] ἄξιος ἵνα λύσω αὐτοῦ
τὸν ἱμάντα τοῦ ὑποδήματος.

Exercise

1. 여기서 *ὁ*는 누구를 가리키는가?

2. *ἐρχόμενος*를 parsing 하라.

3. 중요단어 및 연관된 문맥들을 찾아보라.

"곧 내 뒤에 오시는 그이라 나는 그의 신들메 풀기도 감당(堪當)치 못하겠노라 하더라."

"He is the one who comes after me, the thongs of whose sandals I am not worthy to untie.'"

'나는 감당치 못하겠노라'(우크 에이미 악시오스 : *οὐκ εἰμὶ ἄξιος*)에서 '악시오스'(*ἄξιος*)는 가치(worthy)를 의미하며, 신들메 풀 만한 가치조차 없는 자라는 의미가 된다.

여기서 1인칭을 나타내는 '에이미'(*εἰμί*) 외에 '에고'(*ἐγώ*)를 첨부한 것은 자신은 전혀 무가치한 존재임을 강조하는 것이다.

28절

Ταῦτα ἐν Βηθανίᾳ ἐγένετο πέραν τοῦ Ἰορδάνου,
ὅπου ἦν ὁ Ἰωάννης
βαπτίζων.

Exercise

1. *Ταῦτα*는 무엇을 의미하는가?

2. *ἐγένετο*를 parsing 하라.

3. 중요단어 및 문맥들을 찾아보라.

"이 일은 요한의 세례(洗禮) 주던 곳 요단 강 건너편 베다니에서

된 일이니라."

"This all happened at Bethany on the other side of the Jordan, where John was baptizing."

'세례 주다'(밥티존 : *Βαπτίζων*)는 '밥티조'(*βαπτίζω*)의 현재분사로서 세례 요한이 그곳에서 계속하여 세례 주었음을 의미한다.

여기 '베다니'(*βηθανίᾳ*)는 본문에 나오는 요단 건너편 외에 예루살렘 근교에 있는 나사로와 마리아의 살던 곳이다.

29절

Τῇ ἐπαύριον βλέπει τὸν Ἰησοῦν ἐρχόμενον πρὸς αὐτόν, καὶ λέγει, Ἴδε ὁ ἀμνὸς τοῦ θεοῦ ὁ αἴρων τὴν ἁμαρτίαν τοῦ κόσμου.

Exercise

1. *ἁμαρτίαν* 앞에 정관사는 무엇을 말하는가?

2. *βλέπει*를 parsing 하라.

3. 중요단어 및 연관된 문맥들을 찾아보라.

"이튿날 요한이 예수께서 자기에게 나아오심을 보고 가로되 보라 세상 죄를 지고 가는 하나님의 어린양(羊)이로다."

"The next day John saw Jesus coming toward him and said, 'Look, the Lamb of God, who takes away the sin of the world!"

하나님의 어린양 앞에 '보라'고 하는 '이대'(*ἴδε*)가 문장을 이끄는 것은 감탄사의 역할로 강조하기 위함이며, 어린양 앞에 '*ὁ*' 정관사는 메시아(그리스도)를 지칭하는데, 요한은 자신의 생애에 있어서 이보다 더한 기쁨과 감격이 없음을 보여 준다.

'에르코메논'(*ἐρχόμενον*)은 '에르코마이'(*ἔρχομαι*)의 현재형 분사로서 지금 오고 계신 상태임을 의미한다. 이 시간도 우리의 진정한 구세주 되시는 어린양 그리스도는 우리의 연약과 죄짐을 지시기 위하여 찾아오고 계신다.

30절

οὗτός ἐστιν ὑπὲρ οὗ ἐγὼ εἶπον, Ὀπίσω μου ἔρχεται ἀνὴρ ὃς ἔμπροσθέν μου γέγονεν, ὅτι πρῶτός μου ἦν.

Exercise

1. *ὅτι*의 역할을 말해 보라.

2. *ἔρχεται*를 parsing 하라.

3. 중요단어 및 연관된 문맥들을 찾아보라.

"내가 전에 말하기를 내 뒤에 오는 사람이 있는데 나보다 앞선 것은 그가 나보다 먼저 계심이라 한 것이 이 사람을 가리킴이라."

"This is the one I meant when I said, A man who comes after me has surpassed me because he was before me."

'내 뒤에 오는 사람'(아넬 : *ἀνήρ*)은 '인간'을 의미하는 '안드로포스'(*ἄνθρωπος*)와는 성격이 다른, 일반적으로 '남자'를 나타낼 때 사용하는 단어이며, 예수님의 존재에 대해서는 여기서도 미완료 동사인 '엔'(*ἦν*)을 사용하여 비록 육신을 입고 오셨으나 그분의 신성과 영원성을 보여 준다.

31절

κἀγὼ οὐκ ᾔδειν αὐτόν, ἀλλ' ἵνα
φανερωθῇ τῷ 'Ισραὴλ διὰ τοῦτο
ἦλθον ἐγὼ ἐν ὕδατι βαπτίζων.

Exercise

1. *κἀγὼ*의 바른 뜻을 찾아보자.

2. *φανερωθῇ*를 parsing 하라.

3. 중요단어 및 연관된 문맥들을 찾아보라.

"나도 그를 알지 못하였으나 내가 와서 물로 세례(洗禮)를 주는

것은 그를 이스라엘에게 나타내려 함이라 하니라."

"I myself did not know him, but the reason I came baptizing with water was that he might be revealed to Israel.'"

'나도 알지 못했다'(카고 우크 에데인 : κἀγὼ οὐκ ᾔδειν)에서 '에데인'(ᾔδειν)은 '에이도'(εἴδω) 의 과거 완료형으로서 영적인 무지를 의미하며, 메시아임을 알지 못했다는 의미가 된다.

'디아 투토'(διὰ τοῦτο)는 이유를 나타내는데, 지금 요한이 물로 세례 주는 이유가 무엇임을 설명하며, 그 어린양을 부각시키고 증거하고자 하는 목적을 여기서 분명히 보여 준다.

32절

Καὶ ἐμαρτύρησεν Ἰωάννης λέγων
ὅτι Τεθέαμαι τὸ πνεῦμα
καταβαῖνον ὡς περιστερὰν ἐξ
οὐρανοῦ, καὶ ἔμεινεν ἐπ᾽ αὐτόν·

Exercise

1. αὐτόν은 누구를 지칭하는가?

2. ἔμεινεν을 parsing 하라.

3. 중요단어 및 연관된 문장들을 찾아보라.

"요한이 또 증거(證據)하여 가로되 내가 보매 성령이 비둘기같이 하늘로서 내려와서 그의 위에 머물렀더라."

"Then John gave this testimony: 'I saw the Spirit come down from heaven as a dove and remain on him."

여기서 '본다'고 하는 말(태데아마이 : τεθέαμαι)은 '데아오마이'(θεάομαι)의 완료 중간태로서 깊은 통찰력을 의미하는 바, 신령한 눈으로 보는 것을 말하며 '성령'(프뉴마 : πνεῦμα) 앞에 정관사는 잡다한 신(神) 중에 하나가 아닌 유일하시며 하나님이 보내신 영을 의미한다.

'그분 위에 머물렀더라'(에메이낸 엡 아우톤 : ἔμεινεν ἐπ' αὐτόν)에서 '에메이낸'(ἔμεινεν)은 '메노'(μένω)의 제1과거 직설법으로서, 내려오심의 행위가 비록 단회적이나 그것은 영구한 성격임을 말한다.

33절

κἀγὼ οὐκ ᾔδειν αὐτόν, ἀλλ' ὁ πέμψας με βαπτίζειν ἐν ὕδατι ἐκεῖνός μοι εἶπεν, 'Εφ' ὃν ἂν ἴδῃς τὸ πνεῦμα καταβαῖνον καὶ μένον ἐπ' αὐτόν, οὗτός ἐστιν ὁ βαπτίζων ἐν πνεύματι ἁγίῳ.

Exercise

1. 여기서 *αὐτόν*은 누구를 말하는가?

2. *βαπτίζων*을 parsing 하라.

3. 중요단어 및 연관된 문맥들을 찾아보자.

"나도 그를 알지 못하였으나 나를 보내어 물로 세례(洗禮)를 주라 하신 그이가 나에게 말씀하시되 성령이 내려서 누구 위에든지 머무는 것을 보거든 그가 곧 성령으로 세례를 주는 이인 줄 알라 하셨기에."

"I would not have known him, except that the one who sent me to baptize with water told me, The man on whom you see the Spirit come down and remain is he who will baptize with the Holy Spirit."

'물로써 세례 주기 위하여'(밥티제인 엔 휘다티 : *βαπτίζειν ἐν ὕδατι*)에서 '물'(휘다티 : *ὕδατι*) 앞에 관사를 붙이지 않은 것은 일반적인 강을 의미한다. '세례 주다'라고 하는 '밥티제인'(*βαπτίζειν*)은 '밥티조'(*βαπτίζω*)의 현재형 부정사로서, 비록 물세례가 상징이기는 하지만 그것의 필요성을 보여 준다.

'밥티조'(*βαπτίζω*)는 '씻는다' 또는 '담근다'는 뜻이 있으며, '성령이 내려서'(카타바이논 : *καταβαῖνον*)는 '카타바이노'(*καταβαίνω*)의 현재형 분사로서 계속적으로 내려오심을 의미한다.

이와 같이 성령의 강림은 어떠한 환경이나 지정한 장소가 없이 주의 이름으로 세례를 받는 자에게 언제든지 내려오신다.

34절

κἀγὼ ἑώρακα, καὶ μεμαρτύρηκα
ὅτι οὗτός ἐστιν ὁ υἱὸς τοῦ θεοῦ.

Exercise

1. 여기서 *κἀγώ*의 역할이 무엇인가?

2. *μεμαρτύρηκα*를 parsing 하라.

3. 중요한 단어 및 연관된 문맥들을 찾아보라.

"내가 보고 그가 하나님의 아들이심을 증거(證據)하였노라 하니라."

"I have seen and I testify that this is the Son of God.'"

'내가 보고'(헤오라카 : *ἑώρακα*)는 '호라오'(*ὁράω*)의 완료형으로서 실제로 체험했다는 의미가 함축된 동사인데 '브렙포'(*βλέπω*) 동사와는 근본적인 차이를 나타낸다.

세례 요한은 여기서 신령한 안목을 가지고 그리스도를 체험하는 과정을 고백하고 있는데, 이 체험적 신앙은 무엇보다 우선이요 귀한 것이다.

'카고'(κἀγώ)는 뒤에 나오는 '카이'(καί)와 연결되는 접속사이며 '나도' 또는 '역시'로 해석되어야 한다.

35절

Τῇ ἐπαύριον πάλιν εἱστήκει ὁ Ἰωάννης
καὶ ἐκ τῶν μαθητῶν αὐτοῦ δύο,

Exercise

1. *αὐτοῦ*는 누구를 말하는가?

2. *εἱστήκει*를 parsing 하라.

3. 중요단어 및 연관된 문맥들을 찾아보라.

"또 이튿날 요한이 자기 제자 중 두 사람과 함께 섰다가."

"The next day John was there again with two of his disciples."

여기서 '함께 섰다'라고 하는 '헤이스태케이'(εἱστήκει)는 '히스태미'(ἵστημι)의 완료형 과거 시제로서 '파린'(πάλιν)과 함께 '서 있었다' 또는 '기다리고 있었다'는 의미로 해석되며, 두 번째 절을 이끄는 접속사 '카이'(*καί*)는 '함께'(with)의 역할을 한다.

36절

καὶ ἐμβλέψας τῷ Ἰησοῦ περιπατοῦντι
λέγει, Ἴδε ὁ ἀμνὸς τοῦ θεοῦ.

Exercise

1. *ἀμνὸς*에 정관사가 온 이유를 말하라.

2. *λέγει*를 parsing 하라.

3. 중요단어 및 연관된 문맥들을 찾아보라.

"예수의 다니심을 보고 말하되 보라 하나님의 어린양(羊)이로다."
"When he saw Jesus passing by, he said, 'Look, the Lamb of God.'"

앞에 나오는 '보고'(엠브렙사스 : *ἐμβλέψας*)는 '유심히 관찰하다'는 뜻이며, 뒤에 나오는 '이데'(*Ἴδε*)와 연결되어 육신의 눈을 초월하는 신령한 눈으로 보았음을 의미한다.

특별히 이 단어는 감탄사로서 최대의 감격적인 사건임을 고백하는 것이며, 이 고백이 결국 자신의 두 제자를 예수님을 좇게 하는 동인이 되었다. '어린양'(암노스 : *ἀμνός*) 앞에 정관사는 구약에 예언된 속죄양, 즉 그리스도를 지칭한다.

37절

καὶ ἤκουσαν οἱ δύο μαθηταὶ αὐτοῦ
λαλοῦντος καὶ ἠκολούθησαν τῷ
᾿Ιησοῦ.

Exercise

1. *ἤκουσαν*을 정확하게 번역해 보라.

2 *λαλοῦντος*를 parsing 하라.

3. 중요단어 및 연관된 문맥들을 찾아보라.

"두 제자가 그의 말을 듣고 예수를 좇거늘."

"When the two disciples heard him say this, they followed Jesus."

여기서 '말을 듣고'라는 '에쿠산'(*ἤκουσαν*)은 '아쿠오'(*ἀκούω*)의 3인칭 복수로서 '유심히 귀를 기울인다'라는 뜻인데, 이 동사를 여기서 사용한 것은 신령한 귀로 들었다는 것을 강조하고자 함이며, 두 제자는 안드레와 사도 요한이다.

38절

στραφεὶς δὲ ὁ Ἰησοῦς καὶ
θεασάμενος αὐτοὺς ἀκολουθοῦντας λέγει αὐτοῖς,
Τί ζητεῖτε; οἱ δὲ εἶπαν αὐτῷ, Ῥαββί (ὃ λέγεται
μεθερμηνευόμενον Διδάσκαλε), ποῦ μένεις;

Exercise

1. 앞에 나오는 *δέ*와 뒤에 나오는 *δέ*의 차이점은 무엇인가?

2. *ἀκολουθοῦντας*를 parsing 하라.

3. 중요단어 및 연관된 문맥들을 찾아보라.

"예수께서 돌이켜 그 좇는 것을 보시고 물어 가라사대 무엇을 구하느냐 가로되 랍비여 어디 계시오니이까 하니(랍비는 번역하면 선생이라)."

"Turning around, Jesus saw them following and asked, 'What do you want?' They said, 'Rabbi'(which means Teacher), 'where are you staying?'"

'무엇을 구하느냐'라고 하는 '티제태이태'(*Τί ζητεῖτε*)는 나에게 무엇을 원하느냐는 의미이며, '보시고'(대아사메노스 : *θεασάμενος*)는

'대아오마이'(θεάομαι)의 제1과거 중간태 분사로서 스스로 '큰 관심을 가지고 본다' 또는 '눈여겨본다'는 뜻이다.

'어디 계시오니이까'(푸 메네이스 : ποῦ μένεις)는 '거처가 어디입니까' 하는 질문인데, 이 물음은 단순히 장소를 확인하기보다는 가문이나 족보를 중시하는 유대인들의 관습을 보아 예수님께 대하여 가문의 계통을 묻는 질문으로 볼 수 있다.

'번역하면'에서 '헤메뉴오메논'(ἑρμηνευόμενον)은 '헤메뉴오'(ἑρμηνεύω)의 현재형 수동태 분사이며, 사도행전에 나오는 허메 신이 바로 '헤르메스'(ἥρμης)에서 파생되었다.

이 신은 특별히 그리스의 신들 중에 대변인 즉 변호사의 역할을 하는 신으로 숭상(崇尙)했다고 하며, 바울이 말씀을 전하고 능력을 행했을 때 바로 이 '허메' 신의 존칭을 받았다.[9)]

39절

λέγει αὐτοῖς, Ἔρχεσθε καὶ ὄψεσθε.
ἦλθαν οὖν καὶ εἶδον ποῦ μένει, καὶ
παρ' αὐτῷ ἔμειναν τὴν ἡμέραν
ἐκείνην· ὥρα ἦν ὡς δεκάτη.

---

9) 행 14:12

Exercise

1. ποῦ의 역할을 말해 보라.

2. ἔμειναν을 parsing 하라.

3. 연관된 문맥들을 찾아보라.

"예수께서 가라사대 와 보라 그러므로 저희가 가서 계신 데를 보고 그날 함께 거하니 때가 제십시쯤 되었더라."

"'Come', he replied, 'and you will see.' So they went and saw where he was staying, and spent that day with him. It was about the tenth hour."

본문에서 '와 보라'고 하는 '에르케스데'(Ἔρχεσθε)는 '에르코마이'(ἔρχομαι)의 현재 중간태 명령형으로서 너희 자신을 위하여 와서 보라는 의미이며, '그들이 보았다'고 하는 '에이돈'(εἶδον)은 '호라오'(ὁράω)의 제2부정 과거형인데, 특별히 이 단어는 체험적인 경험의 사건에 사용된다.

예수님은 항상 자신을 위함보다는 연약하고 허물 많은 우리 인생들로 하여금 영원한 진리가 되시는 자신을 신령한 눈으로 보고 체험하라고 하는 강조형 명령문이다.

II. 빌립보서의 계시관 및 석의

빌립보서의 기록연대와 장소에 대하여 대부분 학자들은 바울이 로마 감옥에서 주후 61-63년경 기록하였다는 데 견해를 같이한다.

그러므로 빌립보서를 옥중서신이라 부르며, 네 장의 짧은 서신이지만 기뻐하라고 하는 동사와 기쁨이란 명사가 21회 나온다.

삶과 죽음의 교차로, 기약도 없는 감방 안에서 사형언도를 받은 상황이지만, 주님 안에 감추어져 있는 무한한 영광과 크신 은혜를 생각하며 감격과 감사가 넘치는 신앙고백을 여기서 읽어 보게 되는 것이다.

빌립보는 로마와 아시아를 잇는 에그나티아 대로에 있는 동부 마게도냐의 한 도시이다. 빌립보의 옛 이름은 '그레네데스'였다.

B.C. 358년에 마게도냐 왕 빌립이 그레네데스를 정복하여 요새를 만들고 자기 이름을 따라 빌립보라 이름을 붙였다고 하며, 마게도냐가 B.C. 168년 로마에게 정복되었을 때 빌립보는 네 부분으로 분할된 영토 가운데 첫 번째에 포함되어 있었다.

필자는 2005년 1월 22일 신학생들을 인솔하여 빌립보 지방을 순례하면서 바울 사도의 복음에 대한 비전과 정취(情趣)를 가슴 깊이 새기며 드로아와 마게도냐의 환상이 함께 어울리는 감회를 만끽한 적이 있었다.

멀리 보이는 높은 산등성이에 소복이 쌓인 눈들은 복음의 빛을 마음껏 발산하고 있었으며, 바로 앞에 펼쳐진 들판은 주전 40년경 로마의 명장(名將) 안토니우스와 브루투스가 빌립보 성을 탈취하고 클레오파트라를 가슴에 품기 위하여 혈투를 벌이던 전장(戰場)의 생생한 옛 모습으로 전쟁의 참혹함을 여실히 반영해 주는 듯하였다.

검푸른 산맥을 이은 높은 산정에서부터 흘러 내려오는 물은 아직도 그 옛날 사도를 통하여 역사하시던 하나님의 능력과 지혜의 모습을 그대로 반영해 주고 있었으며, 루디아가 세례 받던 곳과 옥사장이 회개하던 감옥을 굽이굽이 돌아 옛 빌립보 성을 경유하면서 2천 년의 복음을 가슴에 안은 듯 맑고도 청아한 모습으로 유유히 흐르고 있었다.

빌립보서 1장 1절

Παῦλος καὶ Τιμόθεος δοῦλοι
Χριστοῦ Ἰησοῦ πᾶσιν τοῖς ἁγίοις
ἐν Χριστῷ Ἰησοῦ τοῖς οὖσιν ἐν
Φιλίπποις σὺν ἐπισκόποις καὶ
διακόνοις·

Exercise

1. *ἐν Χριστός Ἰησοῦς*의 진정한 의미를 기록해 보라.

2. *τοῖς ἁγίοις*에서 정관사는 무엇을 의미하는가?

3. 중요단어 및 연관된 문맥을 찾아보자.

"그리스도 예수의 종 바울과 디모데는 그리스도 예수 안에서 빌립보에 사는 모든 성도와 또는 감독들과 집사들에게 편지하노니."

"Paul and Timothy, servants of Christ Jesus, To all the saints in Christ Jesus at Philippi, together with the overseers and deacons."

'바울'이라는 단어는 라틴어의 고유명사인 '*Παυλυσ*'에서 유래한 헬라어 음역이다. 바울은 터키 남중부에 위치한 길리기아 다소에서 태어났으며 부모는 유대인이었다.[10)]

그의 부친은 바리새인이었고[11)] 로마 시민권 소유자였기에 자연히 바울은 로마 시민이 된 것이다.

빌립보 교회는 바울에 의하여 설립되었으므로 성도들은 바울의 사도직을 잘 알고 있었지만, 그는 자신을 사도라 하는 대신에 그

---

10) 빌 3:5
11) 행 23:6

리스도 예수의 종 '둘로스 크리스토스 이에수'(δοῦλος Χριστός Ἰησοῦ)라는 겸손한 말로 인사를 대신한다.

'그리스도'(Χριστοῦ)는 '기름 붓다'를 뜻하는 '크리오'(Χρίω)에서 유래되었으며, 구약에서 기름 부음을 받은 자들은 선지자, 제사장 그리고 왕이었으며 이들은 그리스도의 모형들이다.

'예수'(Ἰησοῦς)는 구약에 나오는 '예수아'라는 유대 이름의 헬라어형인데 히브리어를 헬라어로 음역한 다음, 격 변화를 위해서 '시그마'(σ)를 붙인 것이다.

'종'이라고 하는 '둘로스'(δοῦλος)는 '데오'(δέω)에서 왔으며 '묶는다' 또는 '복종하다'는 뜻이 있다. 그러므로 이 단어는 자율을 파기하고 다른 사람의 뜻에 자기의 뜻을 완전 복종시키는 노예를 의미한다.

바울의 빌립보 전도에는 자주 장사 루디아, 귀신 들린 여종, 로마의 간수 등 세 사람이 중심이 되었다. 그들은 당시 대표적인 사람들로서 루디아는 값진 옷감을 파는 호상인 부인이었고, 로마 간수는 당시 중류층에 속한다.

'성도'를 지칭하는 '하기오스'(ἁγίος)는 '거룩하다' 또는 '구별되다'는 의미를 가지며, '이스라엘의 거룩한 자'라는 말은 악한 것으로부터의 분리를 나타낸다.

'집사들'이라고 하는 '디아코노이스'(διακόνοις)는 '디아코네오'(διακονέω)라는 동사에서 온 것인데, '먼지를 뒤집어쓴다' 또는 '허리를 동인다'는 뜻이다.

이렇게 볼 때 집사는 하나님의 교회에서 허리를 동이고 먼지를 쓰면서 모든 일에 앞장서서 일하는 일꾼으로 해석할 수 있다.

로마서 16장 1절에 나오는 뵈뵈는 여자로서 '디아코노스'라는 명칭을 쓴 것을 보면 당시에 여집사 제도가 있었음을 보여 준다.

2절

χάρις ὑμῖν καὶ εἰρήνη ἀπὸ
θεοῦ πατρὸς ἡμῶν καὶ κυρίου
Ἰησοῦ Χριστοῦ.

Exercise

1. *θεός*와 *πατήρ*가 함께 나오는 이유는 무엇인가?

2. *ἀπό* 전치사 다음에 왜 모든 단어가 속격으로 되었는가?

3. 중요단어 및 연관된 문맥을 찾아보자.

"하나님 우리 아버지와 주 예수 그리스도에게로서 은혜와 평강이 너희에게 있을지어다."

"Grace and peace to you from God our Father and the Lord Jesus Christ."

여기서 '은혜'라고 하는 '카리스'(*χάρις*)는 '은총, 호의, 감사, 친절, 동정, 자선, 그리고 보상'이란 다양한 의미를 지니고 있다.

바울이 언급하는 카리스는 예수 그리스도 안에서, 곧 그의 희생의 죽음 안에서 발생한 하나님의 확실한 구원 행위의 본질이며, 또한 현재와 미래에 있어서 구원사역의 모든 결과의 본질이다.[12)]

'평강'이라고 하는 '에이레네'(*εἰρήνη*)는 평화, 또는 안식 등을 의미하는데 본문에서는 '구원의 완성'과 관련된 것으로 연결된다.

3절

Εὐχαριστῶ τῷ θεῷ μου ἐπὶ πάσῃ
τῇ μνείᾳ ὑμῶν,

ExerciSe

1. *Εὐχαριστῶ*를 바로 해석해 보라.

2. *ὑμῶν*이 속격 복수가 된 근거를 말하라.

3. 중요단어 및 연관된 문맥들을 찾아보자.

"내가 너희를 생각할 때마다 나의 하나님께 감사하며."
"I thank my God every time I remember you."

12) 롬 3:24 참조.

여기서는 바울이 하나님께 감사하는 이유를 설명하고 있는데 '휘몬'(ὑμῶν)은 주격 소유형으로서 빌립보 교회 성도들의 '바울을 위하여 간직한 마음과 깊은 정성을 생각하면서 하나님께 감사한다'로 직역할 수 있다.

이처럼 바울은 자신이 개척한 빌립보 성도들과 복음 안에서 맺은 신령한 정을 생각하면서 감사한다.

4절

πάντοτε ἐν πάση δεήσει μου ὑπὲρ πάντων ὑμῶν
μετὰ χαρᾶς τὴν
δέησιν ποιούμενος,

Exercise

1. ἐν과 πάση의 연관을 말해 보자.

2. ποιούμενος를 parsing 하라.

3. 중요단어 및 연관된 문맥들을 찾아보라.

"간구할 때마다 너희 무리를 위하여 기쁨으로 항상 간구함은."
"In all my prayers for all of you, I always pray with joy."

'간구'라고 하는 '데에세이'(δεήσει)를 두 번 반복하는 것은 감사후에는 반드시 하나님께 기도와 간구가 있어야 함을 보여 준다.

진정한 성도라면 희로애락 간에 하나님께 감사하는 자이며, 어려운 일에 봉착할 때 특별히 영적인 결핍과 육신적인 필요를 위하여 순간순간 간구를 드려야 한다.

5절

ἐπὶ τῇ κοινωνίᾳ ὑμῶν εἰς
τὸ εὐαγγέλιον ἀπὸ τῆς πρώτης
ἡμέρας ἄχρι τοῦ νῦν,

Exercise

1. 여기서 *ἐπί* 전치사를 사용한 이유를 말해 보자.

2. *κοινωνίᾳ*의 신령한 뜻을 찾아보라.

3. 중요단어 및 연관된 문맥들을 찾아보라.

"첫날부터 이제까지 복음에서 너희가 교제함을 인함이라."

"because of your partnership in the gospel from the first day until now."

여기서 '에이스'(*εἰς*)는 동적인 전치사로서 '그 복음을 향하여' 또는 '복음의 심연(深淵)으로'라는 뜻이 된다.

참으로 빌립보 교회 성도들은 복음의 깊이와 넓이와 길이와 높이를 측량한 수준 높은 믿음의 소유자들이었다.

'은혜'라고 하는 '카리스'(*χάρις*)란 말은 바울 사도가 비록 감방에 갇혀 있지만 그곳에서도 복음을 증거할 수 있는 '은혜'를 의미한다. 하나님께서 복을 주시고 여러 가지 일용할 양식을 주신 것도 은혜지만 말로 표현할 수 없는 절박한 상황 안에서도 하나님께 감사하고 복음을 전할 수 있는 마음 그것이 곧 은혜 중에 은혜란 것이다.

6절

πεποιθὼς αὐτὸ τοῦτο, ὅτι
ὁ ἐναρξάμενος ἐν ὑμῖν ἔργον
ἀγαθὸν ἐπιτελέσει ἄχρι ἡμέρας
Χριστοῦ Ἰησοῦ·

Exercise

1. *ἄχρις*의 진정한 의미를 말해 보라.

2. *ἐπιτελέσει*를 parsing 하라.

3. 중요단어 및 연관된 문맥들을 찾아보자.

“너희 속에 착한 일을 시작하신 이가 그리스도 예수의 날까지 이루실 줄을 우리가 확신하노라.”

“being confident of this, that he who began a good work in you will carry it on to completion until the day of Christ Jesus.”

여기서 ‘확신한다’고 하는 ‘페포이도스’(πεποιθὼς)는 ‘페이도’(πείθω)의 제2과거 완료 분사형으로서 단회적 사건임을 보여 준다.

한 번 주님을 영접한 자는 끝까지 하나님이 책임지고 구원의 날까지 이르게 하시는 영구하고 불변한 진리가 됨을 말한다.

‘에닉사메노스’(ἐναρξάμενος) 앞에 정관사 ‘ὁ’는 남성 단수 주격으로서 구원을 시작하신 하나님께서 우리의 구원의 주체가 되시기 때문에 그 구원이 너무나 확실하다고 하는 것이다.

알미니우스는 구원을 하나님과 인간의 공동작품으로 이론을 전개하지만 그렇다면 우리의 구원이 얼마나 무가치하고 불완전하겠는가!

우리의 구원이 우리 자신에게 있지 아니하고 전적으로 하나님께 속한 것이므로 바울은 그 구원에 대하여 확신을 가지고 증거하였으며 감격한 마음으로 섬길 수가 있었던 것이다.

7절

καθώς ἐστιν δίκαιον ἐμοὶ τοῦτο
φρονεῖν ὑπὲρ πάντων ὑμῶν, διὰ τὸ ἔχειν με

ἐν τῇ καρδίᾳ ὑμᾶς,
ἔν τε τοῖς δεσμοῖς μου καὶ ἐν τῇ
ἀπολογίᾳ καὶ βεβαιώσει τοῦ
εὐαγγελίου συγκοινωνούς μου τῆς
χάριτος πάντας ὑμᾶς ὄντας.

Exercise

1. τοῦτο는 무엇을 가리키는가?

2. ἔχειν을 parsing 하라.

3. 중요단어 및 연관된 문맥들을 찾아보자.

"내가 너희 무리를 위하여 이와 같이 생각하는 것이 마땅하니 이는 너희가 내 마음에 있음이며 나의 매임과 복음을 변명함과 확정함에 너희가 다 나와 함께 은혜에 참예한 자가 됨이라."

"It is right for me to feel this way about all of you, since I have you in my heart; for whether I am in chains or defending and confirming the gospel, all of you share in God's grace with me."

여기 '카도스'(καθώς)와 '엔 태 칼디아'(ἐν τῇ καρδίᾳ)는 서로 연관되어 있는 문장이다. 당시 빌립보 교회 성도들이 사도를 생각하는 갸륵한 정성과 마음은 사도의 마음 안에 머물러 있을 뿐 아니라 참으로 그것들이 감격을 주었다는 것이다.

'디아 토'(διά τό) 부정사는 이유(because)의 역할로서, 바울이 마음으로 그들을 생각하게 된 동인을 말하며, 여기서 '메'(με)는 1인칭 목적격이지만 부정사 '에케인'(ἔχειν)과 합하여 주어가 된다.

'매임'이라고 하는 '엔 태 토이스 데스모이스'(ἔν τε τοῖς δεσμοῖς)는 복수형으로서 심한 고통을 의미한다. 이것은 당시 성도들이 극심한 시련과 환난 가운데서도 좌절하거나 낙심하지 아니하고 합력하여 선을 이루시는 하나님의 뜻을 바라보는 차원 높은 믿음을 지녔음을 보여 준다.

8절

μάρτυς γάρ μου ὁ θεός,
ὡς ἐπιποθῶ πάντας ὑμᾶς
ἐν σπλάγχνοις Χριστοῦ Ἰησοῦ.

Exercise

1. *ἐν*이 의미하는 바를 적어 보라.

2. *μου*의 격 변화를 기록해 보라.

3. 중요단어 및 연관된 문맥들을 찾아보라.

"내가 예수 그리스도의 심장으로 너희 무리를 어떻게 사모하는지 하나님이 내 증인이시니라."

"God can testify how I long for all of you with the affection of Christ Jesus."

여기서 '갈'(*γάρ*)은 이유 접속사로서, 하나님이 내 증인이심을 이유로 하여 사도 자신이 얼마나 성도들을 사모하고 사랑하는가를 보여 주고 있다.

9절

καὶ τοῦτο προσεύχομαι, ἵνα ἡ
ἀγάπη ὑμῶν ἔτι μᾶλλον καὶ
μᾶλλον περισσεύῃ ἐν ἐπιγνώσει
καὶ πάσῃ αἰσθήσει,

ExerciSe

1. *τοῦτο*가 의미하는 바를 말해 보라.

2. *αἰσθήσει*를 parsing 하라.

3. 중요단어 및 연관된 문맥들을 말해 보라.

"내가 기도하노라 너희 사랑을 지식과 모든 총명으로 점점 더 풍성하게 하사."

"And this is my prayer: that your love may abound more and more in knowledge and depth of insight."

'내가 기도하노라'에서 '프로시우코마이'(*προσεύχομαι*)는 중간형 디포넌트 현재형으로서 바울은 지금까지 빌립보 성도들을 위하여 기도와 간구를 드린다고 하였는데, 이제 여기서 그는 그 기도의 내용을 보여 주고 있다. 이 문장은 빌립보서의 핵심부분이라 할 수 있다.

여기서 말하는 '사랑'이란 단어 '아가페'(*ἀγάπη*)는 불변하시는 하나님의 사랑을 의미하며, '지식'이라고 하는 '에피그노시스'(*ἐπίγνωσις*)는 인간이성을 초월하는 '깊은 인식'을 의미한다.

70인경(Septuagint)에서는 '*ἐπίγνωσις*'를 하나님을 아는 차원 높은 지식을 표현할 때 사용했다.

10절

εἰς τὸ δοκιμάζειν ὑμᾶς τὰ
διαφέροντα, ἵνα ἦτε εἰλικρινεῖς καὶ ἀπρόσκοποι
εἰς ἡμέραν Χριστοῦ,

Exercise

1. δοκιμάζειν을 설명해 보자.

2. ἀπρόσκοποι를 parsing 하라.

3. 중요단어 및 연관된 문맥들을 찾아보라.

"너희로 지극히 선한 것을 분별하며 또 진실하여 허물 없이 그리스도의 날까지 이르고."

"So that you may be able to discern what is best and may be pure and blameless until the day of Christ."

여기서 '지극히 선한 것'은 '디아페론타'(διαφέροντα)라는 현재분사 중성형을 사용하였는데 이것이 복수가 될 때 '진정으로 중요한 것들' 또는 '탁월한 것들'을 의미하게 된다.

그리스도인들에게 있어서 본질적이며 진정으로 중요한 것들은 복음에 기초하고, 그리스도의 사랑 안에서 행하는 것임을 말한다.

'분별하며'라고 하는 '도키마제인'(δοκιμάζειν)은 '도키마조'(δοκιμάζω)의 현재 능동 부정사로서 '시험하여 입증하다'라는 뜻인데, 마치 금 제련소에서 순금을 뽑아낼 때에 섭씨 6천 도가 넘는 용광로에서 제련되어 잡것이 조금도 섞이지 않은 상태를 의미한다.

11절

πεπληρωμένοι καρπὸν δικαιοσύνης
τὸν διὰ Ἰησοῦ Χριστοῦ εἰς
δόξαν καὶ ἔπαινον θεοῦ.

Exercise

1. *εἰς δόξαν*을 설명해 보라.

2. *πεπληρωμένοι*를 parsing 하라.

3. 중요단어 및 연관된 문맥들을 찾아보라.

"예수 그리스도로 말미암아 의의 열매가 가득하여 하나님의 영광과 찬송이 되게 하시기를 구하노라."

"filled with the fruit of righteousness that comes through Jesus Christ—to the glory and praise of God."

여기서 '의'라고 하는 '디카이오수내스'(*δικαιοσύνης*)는 '디카이오수내'(*δικαιοσύνη*)의 속격 여성 단수로서 바울에게 있어서 중요한 것은 항상 하나님과 인간의 관계에 있어서 나타나며, 이것은 다만 '그리스도를 통하여'(*διά Ἰησοῦς Χριστός*) 가능케 되며, 성령의 능력에 힘입어 의로운 행위로 나타난다.

칼빈(J. Calvin)은 말하기를 “우리는 소용없는 들감람나무였으나 그리스도에게 접목되어 그의 산 뿌리로 말미암아 열매 맺는 가지들이 되었다. 그러므로 그 나무에 항상 뿌리를 내리지 않으면 안 된다”[13]라고 주석하였다.

12절

Γινώσκειν δὲ ὑμᾶς βούλομαι,
ἀδελφοί, ὅτι τὰ κατ' ἐμὲ μᾶλλον
εἰς προκοπὴν τοῦ εὐαγγελίου ἐλήλυθεν,

Exercise

1. ὅτι가 의미하는 바를 설명하라.

2. ἐλήλυθεν을 parsing 하라.

3. 중요단어 및 연관된 문맥들을 찾아보라.

“형제들아 나의 당한 일이 도리어 복음의 진보가 된 줄을 너희가 알기를 원하노라.”

“Now I want you to know, brothers, that what has happened to me has really served to advance the gospel.”

---

13) John Calvin(신복윤 감수), 칼빈 성경주석 (서울: 성서교재 간행사, 1992), p. 478.

여기서 '복음의 진보'라고 하는 '프로코펜 투 유앙게리우'(προκοπὴν τοῦ εὐαγγελίου)는 군대 용어로서 '복음의 전진' 또는 '복음을 향한 돌진'이란 의미가 있다.

군대의 지휘관이 전투 시에 한 번 명령이 떨어지면 죽음 앞에서도 전진하고 돌진해야 하듯이 바울은 자신의 매임을 통하여 오히려 이러한 담력과 복음을 향한 뜨거운 마음이 솟아나게 되었다는 것이다.

12절의 '나의 당한 일'과 13절의 '나의 매임'은 서로가 연관성이 있으며 감옥 생활을 말한다.

13절

ὥστε τοὺς δεσμούς μου
φανεροὺς ἐν Χριστῷ γενέσθαι ἐν
ὅλῳ τῷ πραιτωρίῳ καὶ τοῖς λοιποῖς πᾶσιν,

Exercise

1. *ὥστε*가 의미하는 바를 말하라.

2. *γενέσθαι*를 parsing 하라.

3. 연관된 문맥들을 찾아보라.

“이러므로 나의 매임이 그리스도 안에서 온 시위대 안과 기타 모든 사람에게 나타났으니.”

“As a result, it has become clear throughout the whole palace guard and to everyone else that I am in chains for Christ.”

‘시위대’라고 하는 ‘프라이토리오’(πραιτωρίῳ)는 로마 황제의 친위대를 말하며 결국 이들은 황제의 직계들인데 이들에게 복음이 전파됨으로 세계 복음화에 촉진제가 되었다는 것이다.

지금 빌립보서를 쓰는 중에 바울 곁에는 로마의 황제인 가이사의 집 사람들이 함께 문안하게 된 것을 영광스럽게 생각하면서 “모든 성도들이 너희에게 문안하되 특별히 가이사 집 사람 중 몇 이니라”[14]로 빌립보서를 결론지었다.

14절

καὶ τοὺς πλείονας τῶν ἀδελφῶν
ἐν κυρίῳ πεποιθότας τοῖς δεσμοῖς
μου περισσοτέρως τολμᾶν ἀφόβως
τὸν λόγον λαλεῖν.

---

14) 빌 4:22 참조.

Exercise

1. ἀφόβως의 의미를 설명해 보라.

2. λαλεῖν을 parsing 하라.

3. 중요단어 및 연관된 문맥들을 찾아보라.

"형제 중 다수가 나의 매임을 인하여 주 안에서 신뢰하므로 겁 없이 하나님의 말씀을 더욱 담대히 말하게 되었느니라."

"Because of my chains, most of the brothers in the Lord have been encouraged to speak the word of God more courageously and fearlessly."

여기서 '신뢰하므로'는 '페포이도타스'(πεποιθότας)라는 단어를 사용하였는데, '페이도'(πείθω)의 2과거 분사 복수로서 확실한 믿음을 단번에 가지게 됨을 의미한다.

바울이 감옥에서 담대히 복음을 전하는 것을 보고 있던 성도들이 더욱 확신을 가지게 되었을 뿐 아니라 당시 로마의 고급 장교들이 예수를 영접하는 동기가 되었으므로 주님을 더욱 신뢰하게 되었다는 것이다.

'겁 없이'라고 하는 '아포보스'(ἀφόβως)는 두려움이 전혀 없는 상태를 의미하는 바, 하나님께서는 많은 시련과 고통을 통하여 인내와 연단을 만드시고 그 연단을 통하여 하나님의 거룩한 뜻을 이루어 나가시는 깊고 오묘한 섭리를 보여 준다.

15절

Τινὲς μὲν καὶ διὰ φθόνον καὶ ἔριν,
τινὲς δὲ καὶ δι' εὐδοκίαν
τὸν Χριστὸν κηρύσσουσιν·

Exercise

1. *μέν*과 *δέ*의 연관성을 검토해 보라.

2. *κηρύσσουσιν*을 parsing 하라.

3. 중요단어 및 연관된 문맥들을 찾아보라.

"어떤 이들은 투기와 분쟁으로, 어떤 이들은 착한 뜻으로 그리스도를 전파하나니."

"It is true that some preach Christ out of envy and rivalry, but others out of goodwill."

'투기'라고 하는 '프도누스'(*φθόνους*)는 '프도노스'(*φθόνος*)의 대격 남성 단수로서 '시기' 또는 '질투'를 의미하는 바, 소유하고자 하는 욕망의 마음 이상으로써 다른 사람의 귀한 것을 빼앗고자 하는 마음을 말한다. '착한 뜻'의 '유도키안'(εὐδοκίαν)은 '유도키아'(εὐδοκία)의 여성 대격으로서 '선의' 또는 '호의'를 의미하며, 분쟁과 대조를 이루는 단어이다.

16절

οἱ μὲν ἐξ ἀγάπης,
εἰδότες ὅτι εἰς ἀπολογίαν
τοῦ εὐαγγελίου κεῖμαι,

Exercise

1. εἰδότες를 parsing 하라.

2. ὅτι와 εἰς의 연관성을 지적해 보라.

3. 중요단어 및 연관된 문맥들을 찾아보자.

"이들은 내가 복음을 변명하기 위하여 세우심을 받은 줄 알고 사랑으로 하나."

"The latter do so in love, knowing that I am put here for the defense of the gospel."

'세우심을 받은'이라는 뜻의 '케이마이'(κεῖμαι)는 현재 수동 디포넌트로서 '누워 있다' 또는 '놓여 있다' 등을 의미하며, 비유적으로는 '유효하다' '세워지다'라는 의미가 된다.

여기서 말하는 '사랑'은 '아가페'(ἀγάπη)의 사랑이다. 빌립보 성도들은 그리스도에 대해서는 말할 것도 없고 바울을 향한 뜨거운 사랑을 여기서 보여 준다.

17절

οἱ δὲ ἐξ ἐριθείας
τὸν Χριστὸν καταγγέλλουσιν,
οὐχ ἁγνῶς, οἰόμενοι θλῖψιν
ἐγείρειν τοῖς δεσμοῖς μου.

Exercise

1. ἐξ가 의미하는 바를 말해 보라.

2. ἐγείρειν을 parsing 하라.

3. 중요단어 및 연관된 문맥들을 찾아보라.

"저들은 나의 매임에 괴로움을 더하게 할 줄로 생각하여 순전치 못하게 다툼으로 그리스도를 전파하느니라."

"The former preach Christ out of selfish ambition, not sincerely, supposing that they can stir up trouble for me while

I am in chains."

'괴로움'이라고 하는 '드립신'(θλῖψιν)은 명사 '드립시스'(θλίψις)의 대격으로서 '고난'을 의미한다.

바울의 '매임'은 그 자체가 괴로움인데, 일부 성도들 중에는 바울의 마음을 온전히 이해하지 못하는 자들이 있었기에 이것이 더욱 바울의 마음을 아프게 한 것이다.

이들은 어디까지나 성숙되지 못한 성도를 말하는 것이지 유대인들을 두고 하는 말은 아니다. 왜냐하면 바울이 다른 곳에서는 유대인들을 가리켜 복음을 파괴하는 자들이라고 선언하였기 때문이다.

'순전치'라고 하는 '하그노'(ἁγνῶ)는 부사로서 '순수한 동기'의 목적성이 있는 단어이다.

18절

τί γάρ; πλὴν ὅτι παντὶ τρόπῳ, εἴτε προφάσει εἴτε ἀληθείᾳ, Χριστὸς καταγγέλλεται, καὶ ἐν τούτῳ χαίρω· ἀλλὰ καὶ χαρήσομαι,

Exercise

1. *γάρ*이 의미하는 바를 말하라.

2. *χαρήσομαι*를 parsing 하라.

3. 중요단어 및 연관된 문맥들을 찾아보라.

"그러면 무엇이뇨 외모로 하나 참으로 하나 무슨 방도로 하든지 전파되는 것은 그리스도니 이로써 내가 기뻐하고 또한 기뻐하리라."

"But what does it matter? The important thing is that in every way, whether from false motives or true, Christ is preached. And because of this I rejoice. Yes, and I will continue to rejoice."

'그러면 무엇이뇨'에서 '티 갈'(*τί γάρ*)은 '그것이 무슨 문제가 되느냐'는 뜻이며, '외모'라는 '프로파세이'(*προφάσει*)는 '프로파시스'(*πρόφασις*)의 여격 여성 단수로서 '거짓된 동기' 또는 '가장된 이유'를 의미한다.

19절

οἶδα γὰρ ὅτι τοῦτό μοι
ἀποβήσεται εἰς σωτηρίαν διὰ
τῆς ὑμῶν δεήσεως καὶ ἐπιχορηγίας
τοῦ πνεύματος Ἰησοῦ Χριστοῦ,

Exercise

1. *τοῦτο*가 의미하는 바를 설명하라.

2. *ἀποβήσεται*를 parsing 하라.

3. 중요단어 및 연관된 문맥들을 찾아보자.

“이것이 너희 간구와 예수 그리스도의 성령의 도우심으로 내 구원에 이르게 할 줄 아는 고로.”

“for I know that through your prayers and the help given by the Spirit of Jesus Christ, what has happened to me will turn out for my deliverance.”

‘너희 간구’라고 하는 ‘휘몬 대에세오스’(*ὑμῶν δεήσεως*)는, 얼핏 보기에는 간구 자체가 구원의 동인(動因)같이 보이나 실상은 ‘도우심’에 해당하는 ‘에피코레기아스’(*ἐπιχορηγίας*)와 연관되는 말씀이며, '구원'이라고 하는 '소테리아'(*σωτηρία*)는 오직 성령의 도우심으로만 이루어짐을 강조한다.

20절

κατὰ τὴν ἀποκαραδοκίαν καὶ
ἐλπίδα μου ὅτι ἐν οὐδενὶ
αἰσχυνθήσομαι, ἀλλ' ἐν πάσῃ
παρρησίᾳ ὡς πάντοτε καὶ νῦν
μεγαλυνθήσεται Χριστὸς ἐν τῷ
σώματί μου, εἴτε διὰ ζωῆς
εἴτε διὰ θανάτου.

Exercise

1. *κατά*를 정확히 해석해 보라.

2. *αἰσχύνομαι*를 parsing 하라.

3. 중요단어 및 연관된 문맥들을 찾아보라.

"나의 간절한 기대와 소망을 따라 아무 일에든지 부끄럽지 아니하고 오직 전과 같이 이제도 온전히 담대하여 살든지 죽든지 내 몸에서 그리스도가 존귀히 되게 하려 하나니."

"I eagerly expect and hope that I will in no way be ashamed, but will have sufficient courage so that now as always Christ will be exalted in my body, whether by life or by death."

'간절한 기대'에서 '아포카라도키안'(*ἀποκαραδοκίαν*)은 '아포카라도키아'(*ἀποκαραδοκία*)의 대격 여성 단수로서 '머리를 내밀다' 또는 '머리를 내밀고 기다리다'는 뜻이 있으며, 이 단어는 원래 소망을 의미하는 '엘피다'(*ἐλπίδα*)와 연결되어 '확신에 찬 기대'로 해석할 수 있다.

'부끄럽지'라고 하는 '아이스쿤내소바이'(*αἰσχυνθήσομαι*)는 '아이스쿠노'(*αἰσχύνω*)의 직설 미래 수동 디포넌트 단수로서 '보기 흉하게 하다' 또는 '부끄러워하다'를 의미하며, '존귀히 되게 하려 하나니'에서 '메가린데세타이'(*μεγαλυνθήσεται*)는 '메가뤼노'(*μεγαλύνω*)의 직설 미래 수동 동사로서 '위대하게 하다' 또는 '찬양하다' 등의 의미가 있으며, '존귀히 되게 하려 하나니'라는 문구는 앞에 나오는 '호티'(*ὅτι*)와 합쳐질 때 '높이려 하나니' 또는 '위대하게 하려 하나니'의 뜻이 된다.

21절

ἐμοὶ γὰρ τὸ ζῆν Χριστὸς
καὶ τὸ ἀποθανεῖν κέρδος.

Exercise

1. *γάρ*이 왜 이 문장에 필요한가?

2. *καί*에 관사가 첨가될 때 어떻게 해석되는가?

3. 중요단어 및 연관된 문맥들을 찾아보라.

"이는 내게 사는 것이 그리스도니 죽는 것도 유익함이니라."
"For to me, to live is Christ and to die is gain."

여기서 '사는 것'이라고 하는 '토잰'(*τὸ ζῆν*)은 현재 부정사로서 삶의 과정을 나타내며, '나는 그리스도로 산다' 또는 '나의 삶은 오직 그리스도로 말미암아'로 해석할 수 있다.

'죽는 것'(토 아포다네인 : *τὸ ἀποθανεῖν*)은 부정과거 부정사로서 죽는 행위를 강조하는 문장인데, 여기서 바울은 죽음 자체가 곧 유익이 되었음을 고백한다.

22절

εἰ δὲ τὸ ζῆν ἐν σαρκί, τοῦτό
μοι καρπὸς ἔργου·
καὶ τί αἱρήσομαι οὐ γνωρίζω.

Exercise

1. *τίς*가 의미하는 바를 적어 보자.

2. *αἱρέομαι*를 parsing 하라.

3. 중요단어 및 연관된 문맥들을 찾아보자.

"그러나 만일 육신으로 사는 이것이 내 일의 열매일진대 무엇을 가릴는지 나는 알지 못하노라."

"If I am to go on living in the body, this will mean fruitful labor for me. Yet what shall I choose? I do not know!"

'육신'이라고 하는 '사르키'(*σαρκί*)는 '사륵스'(*σάρξ*)의 여격, 여성 단수로서 몸 전체를 의미하며, 살아 있든지 죽었든지 간에 상관없이 육체적인 몸을 의미한다.

'일의 열매'라고 하는 '칼포스 엘구'(*καρπός ἔργου*)에서 '엘구'(*ἔργου*)는 '일' '행위' 또는 '임무'를 의미하며, '칼포스'(*καρπός*)는 '열매' '성과' 또는 '결과'를 의미한다.

'무엇을 가릴는지'에서 '티 하이레소마이'(*τί αἱρήσομαι*)는 '하이레오마이'(*αἱρέομαι*)의 미래형으로서 '취하다' '붙잡다' 또는 '선택하다' 등을 의미하며 '*τί*'와 함께 쓰여질 때 '둘 사이에서 선택한다'로 해석된다.

23절

συνέχομαι δὲ ἐκ τῶν
δύο, τὴν ἐπιθυμίαν ἔχων εἰς
τὸ ἀναλῦσαι καὶ σὺν Χριστῷ
εἶναι, πολλῷ μᾶλλον κρεῖσσον·

Exercise

1. *μᾶλλον κρεῖσσον*을 정확히 해석해 보자.

2. *εἶναι*를 parsing 하라.

3. 중요단어 및 연관된 문맥들을 찾아보자.

"내가 그 두 사이에 끼였으니 떠나서 그리스도와 함께 있을 욕망을 가진 이것이 더욱 좋으나."

"I am torn between the two: I desire to depart and be with Christ, which is better by far."

여기서는 바울이 자기가 곧 처형될지도 모른다는 사실을 염두에 두고 쓴 것이다. '내가 끼였으니'에서 '쉬네코마이'(*συνέχομαι*)는 '쉬네코'(*συνέχω*)의 직설 현재 수동태로서 '함께 붙잡다' 또는 '결합시키다' 등을 의미한다.

'더욱 좋으나'에서 '폴로 말론 크레이손'(*πολλῷ μᾶλλον κρεῖσσον*)은 3중 비교급인데, 여기서는 사도 자신의 최상의 만족한 상태를 보여 주고 있다.

하늘에 가서 주님과 함께 사는 것은 이 땅에서 육신으로 있는 것과 비교할 수 없을 정도로 좋다는 의미이다.

24절

τὸ δὲ ἐπιμένειν [ἐν] τῇ
σαρκὶ ἀναγκαιότερον δι᾽ ὑμᾶς.

Exercise

1. *διά* 전치사를 사용한 이유를 말해 보자.

2. *ἐπιμένειν*을 parsing 하라.

3. 중요단어 및 연관된 문맥들을 찾아보자.

"그러나 내가 육신에 거하는 것이 너희를 위하여 더 유익하리라."

"but it is more necessary for you that I remain in the body."

'내가 육신에 거하는 것이'에서 '토 에피메네인 태살키'(*τὸ ἐπιμένειν τῇ σαρκί*)는, '살키'(*σαρκί*) 앞에 전치사가 있든 없든 관계없이 주격이 되며 이때에는 '육신으로'라고 해석해야 된다.

'에피메노'(ἐπιμένω)는 '머무르다' 또는 '계속하다'를 의미하며 여기서 분사가 사용된 것은 '태 살키'(τῇ σαρκὶ)와 합성어가 되어 '육신으로 머무르는 것' 즉 '지상 생활'을 가리킨다.

'너희를 위하여 더 유익하리라'에서 '아낙카이오태론'(ἀναγκαιότερον)은 형용사 '아낙카이오스'(ἀναγκαῖος)의 비교급 주격 중성 단수인데, 고전 헬라어에서는 '필요한 것' 또는 '강요하는 것'들을 말할 때 사용했다. 여기서 비교급 주격으로 사용되어 '더 필요한 것'이란 의미를 지닌다.

25절

καὶ τοῦτο πεποιθὼς οἶδα ὅτι
μενῶ καὶ παραμενῶ πᾶσιν
ὑμῖν εἰς τὴν ὑμῶν προκοπὴν
καὶ χαρὰν τῆς πίστεως,

Exercise

1. τοῦτο는 무엇을 가리키는가?

2. παραμένω를 parsing 하라.

3. 중요단어 및 연관된 문맥들을 찾아보라.

"내가 살 것과 너희 믿음의 진보와 기쁨을 위하여 너희 무리와 함께 거할 이것을 확실히 아노니."

"Convinced of this, I know that I will remain, and I will continue with all of you for your progress and joy in the faith."

'내가 살 것'(메노 : *μενῶ*)은 현재사로서 파멸이나 죽음의 반대적인 의미를 가지며, '진보'(프로코팬 : *προκοπὴν*)는 '프로코패'(*προκοπή*)의 대격 여성 단수로서 영적 진보, 즉 신앙의 성장을 의미한다.

26절

ἵνα τὸ καύχημα ὑμῶν περισσεύῃ
ἐν Χριστῷ Ἰησοῦ ἐν ἐμοὶ διὰ
τῆς ἐμῆς παρουσίας πάλιν πρὸς
ὑμᾶς.

Exercise

1. *ἵνα*는 어떤 문맥과 연관이 되는가?

2. *περισσεύῃ*를 parsing 하라.

3. 중요단어 및 연관된 문맥들을 찾아보자.

"내가 다시 너희와 같이 있음으로 그리스도 예수 안에서 너희

자랑이 나를 인하여 풍성하게 하려 함이라."

"so that through my being with you again your joy in Christ Jesus will overflow on account of me."

여기서 말하는 '자랑'(카우캐마 : *καύχημα*)은 주격 중성 단수로서 '자랑거리'라는 의미인데, 바울이 다시 빌립보에 가서 신령한 은혜를 나누어 줄 때 교회는 은혜를 받아 성장하고 부흥할 것이며 이것이야말로 교회의 진정한 자랑이라는 것이다.

27절

Μόνον ἀξίως τοῦ εὐαγγελίου τοῦ Χριστοῦ πολιτεύεσθε, ἵνα εἴτε
ἐλθὼν καὶ ἰδὼν ὑμᾶς εἴτε ἀπὼν ἀκούω τὰ περὶ ὑμῶν, ὅτι στήκετε ἐν ἑνὶ πνεύματι, μιᾷ ψυχῇ συναθλοῦντες τῇ πίστει τοῦ εὐαγγελίου,

Exercise

1. *ψυχή*의 진정한 의미를 연구해 보자.

2. *ἀκούω*를 parsing 하라.

3. 중요단어 및 연관된 문맥들을 찾아보라.

"오직 너희는 그리스도 복음에 합당하게 생활하라 이는 내가 너희를 가보나 떠나 있으나 너희가 일심으로 서서 한뜻으로 복음의 신앙을 위하여 협력하는 것과."

"Whatever happens, conduct yourselves in a manner worthy of the gospel of Christ. Then, whether I come and see you or only hear about you in my absence, I will know that you stand firm in one spirit, contending as one man for the faith of the gospel."

'합당하게'라고 하는 '악시오스'(ἀξίως)는 부사로서 '합당하게' 또는 '일치하여'란 의미이며, 그리스도의 복음에 합당한 삶과 하나님의 부르심에 일치하는 생활을 하도록 강조하는 단어이다.

특별히 이 단어는 가치의 기준을 평가할 때 사용되는데 영어 번역에 'worthy'는 좀 더 원문에 가깝다.

그렇다면 구속받은 성도는 모든 가치 기준을 주님께 두고 그분의 뜻을 따라가는 것을 최우선으로 생각하며 이 세상에서도 가치 있는 삶을 통하여 하나님께 영광을 돌려야 한다.

'그리스도'를 말하는 'Χριστός'가 소유격으로 나온 것은 기원(起源)을 나타내는 것이며, 그 복음이 그리스도 중심으로 이루어지고 있음을 강조한다.

'서서'(스태캐태 : στήκετε)는 '스태코'(στήκω)의 직설 현재 능동 2인칭 복수인데, 이것은 군대 용어로서 '굳게 서다' 또는 '확고히 서다'를 의미한다. 마치 적군과 싸우는 군인들이 총단결해서 확고하게 진지를 지키는 것을 의미한다.

28절

καὶ μὴ πτυρόμενοι ἐν μηδενὶ
ὑπὸ τῶν ἀντικειμένων, ἥτις ἐστὶν αὐτοῖς
ἔνδειξις ἀπωλείας,
ὑμῶν δὲ σωτηρίας, καὶ τοῦτο ἀπὸ θεοῦ·

Exercise

1. *ἀντικειμένων*과 *δέ*는 어떠한 역할을 하는가?

2. *ἐστὶν*을 parsing 하라.

3. 중요단어 및 연관된 문맥들을 찾아보자.

"아무 일에든지 대적하는 자를 인하여 두려워하지 아니하는 이 일을 듣고자 함이라 이것이 저희에게는 멸망의 빙거요 너희에게는 구원의 빙거니 이는 하나님께로부터 난 것이니라."

"without being frightened in any way by those who oppose you. This is a sign to them that they will be destroyed, but that you will be saved—and that by God."

'대적하는 자들'(안티캐이메논 : ἀντικειμένων)은 '안티캐이마'(ἀντίκει-μα)의 현재 분사 수동 복수로서 '반대하다' 또는 '대적하다'의 뜻이 있으며, 이 단어는 특별히 '타의에 의한 도전'을 의미한다.

'두려워하다'(프튀로매노이 : πτυρόμενοι)는 '프튀로'(πτύρω)의 현재 분사 수동 남성 복수로서, '겁을 먹다' 또는 '질겁하다'를 의미한다. 경기장에서 경마하는 말이 놀라서 제 길을 달리지 못하고 달아날 때 사용하는 단어인데, 교회는 이처럼 공중에 권세 잡은 세력과 싸우는 전투장이므로 신자들은 대적자들의 어떤 핍박이나 협박에도 놀라지 않고 자신의 자리에서 벗어나지 않아야 한다.

29절

ὅτι ὑμῖν ἐχαρίσθη τὸ ὑπὲρ χριστοῦ,
οὐ μόνον τό εἰς αὐτὸν πιστεύειν
ἀλλὰ καὶ τὸ ὑπὲρ
αὐτοῦ πάσχειν,

Exercise

1. ἀλλά가 의미하는 바를 적어 보자.

2. ἐχαρίσθη를 parsing 하라.

3. 중요단어 및 연관된 문맥들을 찾아보자.

"그리스도를 위하여 너희에게 은혜를 주신 것은 다만 그를 믿을 뿐 아니라 또한 그를 위하여 고난도 받게 하심이라."

"For it has been granted to you on behalf of Christ not only to believe on him, but also to suffer for him."

'은혜를 주신'에서 '에카리스대'(ἐχαρίσθη)는 '카리조마이'(χαρίζομαι)의 직설법 부정 과거 수동태로서 은혜로 주어진 것을 의미하는 바, 그리스도를 믿는 믿음과 마찬가지로 그의 고난에 동참하는 것 역시 하나님의 은혜로 주어짐을 말한다.

성경에서 말하는 고난은 '하나님의 뜻에 따른 고난'(벧전 4:19), 예수 그리스도의 '이름을 위한 고난'(빌 1:29), '복음을 위한 고난'(딤후 1:8), '하나님을 생각하는 고난'(벧전 2:19), '의를 위한 고난'(벧전 3:14) 등으로 구별한다. 여기서 이유접속사 '호티'(ὅτι)는 은혜를 주신 이유를 설명하는 바, 그것은 성도로 하여금 '고난도 받게'(파스케인 : πάσχειν)에서 분명해진다.

"다만 그를 믿을 뿐 아니라, 고난을 받게 하기 위하여"(Not only to believe, but also to suffer).

여기서 강조하고자 하는 것은 '믿음'이 아니라 후자의 말씀 '고난을 받게 하기 위하여'(αὐτοῦ πάσχειν)에 있다.

믿음은 어디까지나 일반적이며 구원받은 자에게 공히 주어지는 은혜라면, 고난을 통하여 받는 축복은 영원한 천국에서의 영광과 상급에 직결되는 것이므로 거기에 더 가치가 있고 무게를 두는 것이라 하겠다.

고난의 극치는 '예수님이 우리의 죄를 속량하시기 위하여 갈보리 언덕에서 지신 십자가'라고 성경은 말씀한다.

바울은 십자가의 의미를 바로 깨달은 후 고린도에 도착하여 "나는 그의 십자가에 못 박히신 것 외에는 아무것도 알지 아니하기로 작정하였음이라"고 고백하였다.[15)]

이 말씀의 배경에는 그가 아덴에서 유명한 헬라의 철학도들과 변론하면서 많은 시간을 들여 자신의 철학적 지식과 이성으로 복음을 전하였으나 가정교회 한 곳도 세우지 못하였음을 통감하고 고린도에 와서는 십자가만을 전하기로 굳게 결심한 고백이라 하겠다.

여기서 언더우드(Horace Underwood) 선교사님의 기도시 한 편을 소개하고자 한다.

(이 기도시는 1885년 4월 5일 그가 26세의 나이로 인천 제물포항에 도착하여 이씨 조선 말기 암울하였던 조선의 미래와 영혼들을 내다보며 도착 첫 주일예배 후 쓴 것임.)

보이지 않는 조선의 마음

주여! 지금은 아무것도 보이지 않습니다.
주님! 메마르고 가난한 땅 나무 한 그루

15) 고전 2:2

시원하게 자라 오르지 못한 이 땅에
저희들을 옮겨와 심으셨습니다.

그 넓고 넓은 태평양을 어떻게 건너왔는지
그 사실이 기적입니다.
주께서 뚝 떨어뜨려 놓으신 이곳
지금은 아무것도 보이지 않습니다.

보이는 것이라곤 고집스럽고 퉁명스러운
얼굴들과 적막뿐입니다.
어둠과 가난과 인습에 묶인 듯한
조선사람뿐입니다.

그들은 왜 묶여 있는지조차도
모르고 있는 듯 보입니다.
의심부터 하고 이상한 눈으로 보기만 합니다.
조선 사람들의 속셈이 보이지 않습니다.

이 나라 조정의 내심도 알 수가 없습니다.
가마를 타고 다니는 여자들
거저 이상하고 신기할 뿐입니다.
조선의 미래가 보이질 않습니다.

그러나 주님 순종하겠습니다.
겸손하게 순종할 때에 주께서 일을 시작하시고
그 뿌려 놓으신 씨앗 언젠가는 거둘 때가
있을 줄 믿나이다.

믿음은 바라는 것들의 실상이요 보지 못하는
것들의 증거니라고 하신 말씀을 따라

조선의 믿음의 미래를 볼 수 있게
될 것을 믿나이다.

지금은 우리가 황무지 위에 맨손으로
서 있는 것 같사오나
지금은 우리가 서양귀신이라고
손가락질받고 있사오나

저들도 우리 영혼과 하나인 것을 깨닫고
하늘나라의 한 백성 한 자녀임을 생각하며
눈물로 씨를 뿌리는 추수꾼의 사명
감당하겠나이다.

지금은 예배를 드릴 처소도 없고
학교도 없고 다만 경계와 의심과
멸시와 천대를 받사오나

이곳이 머지않아 은총의 땅이 되리라 믿나이다.
이곳이 머지않아 축복의 땅이 되리라 믿나이다.
이곳이 머지않아 하나님의 영광으로 충만한 땅이
되리라 믿나이다

주여! 오직 제 믿음을 붙잡아 주소서.
아멘.

30절

τὸν αὐτὸν ἀγῶνα ἔχοντες
οἷον εἴδετε ἐν ἐμοὶ καὶ
νῦν ἀκούετε ἐν ἐμοί.

Exercise

1. *τὸν αὐτὸν*의 역할을 말해 보라.

2. *ἀγῶνα*를 parsing 하라.

3. 중요단어 및 연관된 문맥들을 찾아보라.

"너희에게도 같은 싸움이 있으니 너희가 내 안에서 본 바요 이제도 내 안에서 듣는 바니라."

"since you are going through the same struggle you saw I had, and now hear that I still have."

사도 바울은 여기서 '싸움'(아곤 : *ἀγών*)이라는 군사적 용어를 사용한다. 죄 없으신 예수님이 우리의 죄와 허물을 대신 지시고 먼저 이 싸움을 싸우셨으니, 우리 모두 신령한 눈을 열어 십자가를 바라보며 그 십자가를 땅 끝까지 증거한 사도 비울의 심정과 인더

우드 선교사의 정신으로 사명을 감당할 수 있어야 하겠다.

III. 시편의 계시관 및 적용

시편은 150편으로 구성되어 있으며 솔로몬과 모세 그리고 아삽이 지은 몇 편 외에는 대부분 다윗이 저술하였다.

고라 자손의 시라고 표제를 가진 것도 다윗이 지은 시를 그들이 보관하고 편집했다고 보는 것이 보수계 학자들의 견해이며, 저자를 밝히지 않은 시편도 다윗이 지은 시들이 있음을 성경은 말한다.[16)]

구약학자 헹스텐베르크(Hengstenberg)도 시편 1편은 다윗의 작품이며 율법의 서론(Preface of Torah)이라고 하였다.[17)]

칼빈(John Calvin)은 "1장이 서두에 나와서 서언의 형식으로 보이나 율법연구에 전심전력하며, 진리탐구에 점진성을 보이는 신실한 종들에게는 항상 진정한 행복이 무엇임을 깨닫게 해 주는 말씀이라고 주석하였다."[18)]

시편은 문장이 간결하고 중복되는 구절들이 많아 연구하기에 편리할 뿐 아니라, 문맥과 문맥이 서로 일치하는 부분들이 많고

16) 행 4:25 참조.
17) 박윤선, 시편 성경주석 (서울: 영음사, 1976), p. 43.
18) John Calvin's Commentaries, Psalms Vol I (Grand Rapids: Eerdmans Publishing Co, 1963), pp. 1-2.

단어도 제한되어 있으므로 어느 정도만 연구하면 시편 전체를 쉽게 이해할 수 있는 감격을 체험하게 될 것이다.

시편 1편 1절

אַשְׁרֵי־הָאִישׁ אֲשֶׁר לֹא הָלַךְ בַּעֲצַת
רְשָׁעִים וּבְדֶרֶךְ חַטָּאִים לֹא
עָמָד וּבְמוֹשַׁב לֵצִים לֹא יָשָׁב

Exercise

1. חַטָּאִים의 죄의 성격을 말하라.

2. לֹא(οὐκ) 부정사가 세 번 반복하는 의미를 말하라.

3. 중요단어 및 연관된 문맥들을 찾아보자.

"복(福) 있는 사람은 악인(惡人)의 꾀를 좇지 아니하며 죄인(罪人)의 길에 서지 아니하며 오만(傲慢)한 자(者)의 자리에 앉지 아니하고."

"Blessed is the man who does not walk in the counsel of the wicked or stand in the way of sinners or sit in the seat of mockers."

"μακάριος ἀνήρ ὅς οὐκ ἐπορεύθη ἐν βουλῇ ἀσεβῶν καὶ ἐν ὁδῷ ἁμαρτωλῶν οὐκ ἔστη καὶ ἐπὶ καθέδραν λοιμῶν οὐκ

ἐκάθισεν."

1절 초두에 복 있는 사람이라고 하는 '아쉐레'(אַשְׁרֵי)는 '아쉘'(אֶשֶׁר)의 복수이며, 문장 서두에 나와서 강조형이 될 때는 감탄사의 역할을 한다.

한역은 물론 심지어 70인역에서도 단수 '*μακάριος*'로 번역되었으나 실제로는 복수 '*μακάριοι*'가 되어야 한다.(הָאִישׁ는 단수이나 אַשְׁרֵי는 복수로써 감탄사의 역할을 하며 이 단어가 첫 자리에 나는 것은 보다 높은 차원의 복을 강조하는 것으로 보아야 한다)

원래 원문에는 '아렙'(א) 다음에 '메댁'(-)의 부호가 있는데 이러한 경우 '잠깐 중단하고 계속하라'는 뜻이 되며, 이때에 중단은 그냥 쉬는 것이 아니고 마치 탄성을 지르듯 감격과 환희에 찬 표현을 자아내라는 것이다.

우리 번역에 '복 있는 사람'이 평서문으로 기록된 것도 원문의 뜻을 잘못 이해한 것으로서, 원래는 '지극히 복된 자여' 또는 '진정 복 받은 자여'라는 강조형 감탄사이다.

악인의 꾀를 좇지 아니하는 자

본문에서 '악인'을 가리키는 '래샤임'(רְשָׁעִים)은 하나님의 뜻에 대항하는 헬라어의 '아세본'(*ἀσεβῶν*)과 같은 의미가 있는데, 70인역(Septuagint) 성경에는 복수로 정확하게 번역되었다.[19)]

'악인의 꾀'에서 '바아차트'(בַּעֲצַת)는 고의적인 의도와 목적을 가

---

19) 시 1:1 'Septuagint' 참조.

지고 유혹하는 데 사용되는 단어이며, '로 하라크'(לֹא הָלַךְ)에서 부정어 '로'가 앞에 나와 강조형이 되면서, 결단코 악인들과는 함께하지 아니하는 자의 받을 축복을 의미한다.

죄인의 길에 서지 아니하는 자

여기 '죄인의 길'이라는 말에서 '죄인'(하타임 : חַטָּאִים)은 원래 복수형으로서 근본적으로 하나님의 뜻과 정반대적인 입장에 서 있는 자들을 의미하며, 헬라어 '하말티아'(*ἁμαρτία*)의 성격을 가진다.

태초 인간은 하나님의 뜻을 어기고 마귀의 올무에 걸려 넘어졌을 때 바로 '하타임'의 죄를 범한 것이다.

'길'을 의미하는 '데레크'(דֶּרֶךְ)는 굳은 땅을 의미하는 바, 이처럼 죄인들은 항상 하나님을 대적하는 일에 익숙해 있을 뿐 아니라 죄악된 생각에 습관적으로 굳어져 있음을 보여 주며, '서지 아니하며'(로 아마드 : לֹא עָמַד)에서 부정어 'לֹא'가 문장 앞에 나와서 역시 강한 부정을 나타내는 바, 결단코 죄악된 길에는 함께하지 아니하겠다는 강한 의지가 담겨 있다.

오만한 자의 자리에 앉지 아니하는 자

'앉지 아니하다'(로 야삽 : לֹא יָשַׁב)에서 '로'(לֹא)가 역시 문장 앞에 나와서 강한 부정을 보여 준다. '야삽'(יָשַׁב)은 앉는 상태에 머무는 것 이상으로 '함께 거주한다' 또는 '안주한다'라는 의미가 있는데, 하나님의 뜻과는 정반대의 입장에 있는 자들과 함께 깊이 빠져 있는 상태를 의미한다.

2절

כִּי אִם בְּתוֹרַת יְהוָה חֶפְצוֹ
וּבְתוֹרָתוֹ יֶהְגֶּה יוֹמָם וָלָיְלָה

Exercise

1. כִּי가 문장 앞에 나온 이유를 말하라.

2. חֶפְצוֹ를 parsing 하라.

3. 중요단어 및 연관된 문맥들을 찾아보자.

"오직 여호와의 율법(律法)을 즐거워하여 그 율법을 주야(晝夜)로 묵상(默想)하는 자로다."

"But his delight is in the law of the Lord, and on his law he meditates day and night."

"*ἀλλ᾽ ἢ ἐν τῷ νόμῳ κυρίου τὸ θέλημα αὐτοῦ καὶ ἐν τῷ νόμῳ αὐτοῦ μελετήσει ἡμέρας καὶ νυκτός.*"

본문에서 '복 있는 자'(아쉐레 하이쉬 : אַשְׁרֵי הָאִישׁ)라고 하는 단어가 없으나 실제로는 이 단어가 2절 초두에서 생략된 것으로 보아야 한다.

'율법'(토라 : תּוֹרַת)을 축소해서 말하면 십계명 또는 모세오경으로 볼 수가 있고, 좀 더 넓게 보면 구약 전체 그리고 더 확대하면 신구약 전체를 가리킨다.

시편은 어디까지나 시적인 표현에 많은 배려를 두고 있으므로 하나님의 말씀을 율법, 계명, 여호와의 법도, 규례, 여호와의 법, 여호와의 증거, 주의 율례, 그리고 주의 법 등, 이렇게 미사여구(美辭麗句)를 사용하는 것이 시인들의 특징이라 하겠다.

'그 율법'(בְּתוֹרַת)에서 'בְּ' 전치사가 주는 의미는 '말씀 속에 인생의 필요한 모든 것이 다 있다'는 뜻이 된다.

이 시인은 인생의 목적이나 행복의 근원을 하나님과 그 말씀 안에서 발견하려고 하였으므로 자신은 진정한 행복자요 영원하신 하나님의 복을 받고 사는 참으로 존귀한 자라고 믿었던 것이다.

과연 그 율법 안에 하나님의 사랑이 있고 그리스도의 보혈이 있고 성령의 능력과 내주하심이 있고 십자가의 능력이 있으며, 영육간에 강건한 축복과 그리고 진정한 인생의 가치와 하나님의 영광이 있다.

여기서 '묵상'이라고 하는 '하가'(הָגָה) 동사는 '집중해서 읽는다'는 의미인데, 본문에서는 미래사인 '예흐게'(יֶהְגֶּה)로 나와서 계속적인 용법으로 보아야 한다.

이 단어는 특별히 새김질한다는 의미가 있으니, 들은 말씀을 마음에 새기고 읽은 말씀을 유념하며 연구한 말씀을 계속적으로 되새기면서 말씀을 따라 살려고 하는 강한 의지를 보여 준다.

3절

וְהָיָה כְּעֵץ שָׁתוּל עַל־פַּלְגֵי מָיִם אֲשֶׁר
פִּרְיוֹ יִתֵּן בְּעִתּוֹ וְעָלֵהוּ
לֹא־יִבּוֹל וְכֹל אֲשֶׁר־יַעֲשֶׂה יַצְלִיחַ׃

Exercise

1. עַל־פַּלְגֵי를 정확히 해석해 보자.

2. וְעָלֵהוּ을 parsing 하라.

3. 중요단어 및 연관된 문맥들을 찾아보자.

"저는 시냇가에 심은 나무가 시절(時節)을 좇아 과실(果實)을 맺으며 그 잎사귀가 마르지 아니함 같으니 그 행사(行事)가 다 형통(亨通)하리로다."

"He is like a tree planted by streams of water, which yields its fruit in season and whose leaf does not wither, Whatever he does prospers."

"καὶ ἔσται ὡς τὸ ξύλον τὸ πεφυτευμένον παρὰ τὰς διεξόδους τῶν ὑδάτων ὅ τὸν καρπὸν αὐτοῦ δώσει ἐν καιρῷ αὐτοῦ καὶ τὸ φύλλον αὐτοῦ οὐκ ἀπορρυήσεται καὶ πάντα ὅσα ἂν ποιῇ κατευοδωθήσεται."

'심은 나무'(솨툴 : שָׁתוּל)는 '솨탈'(שָׁתַל)의 칼 수동 분사형으로서 '심기워진 나무'로 보아야 하며, '시냇가'(파르게 마임 : פַּלְגֵי מָיִם)는 복수로서 물의 근원을 의미하고, 주님의 보혈의 강수를 상징한다.

하나님의 말씀에 의지하여 사는 성도는 주님의 보혈로 씻김을 받고, 그 보혈의 강 근원으로부터 날마다 생명을 공급받고 살기에 항상 풍족한 삶을 영위하게 되며 성령의 아름다운 열매를 시절을 좇아 맺게 되는 것이다.

'시절을 좇아'에서 시절이라고 하는 '베이토'(בְּעִתּוֹ)는 한정된 시간도 되지만 특별히 이 단어는 환경이나 시간을 초월해서 사용된다.

죄를 멀리하고 말씀을 사랑하는 자에게 하나님은 특별히 시절을 좇아 열매를 맺게 하시며, 고해와 같은 세상의 삶을 살아가는 가운데 무서운 시험이나 역경 가운데서도 무한하신 은혜를 베푸시어 그의 삶을 형통케 하시고 영광을 돌리게 하신다.

'행사가 형통하리로다'에서 '야차리흐'(יַצְלִיחַ)는 '차라흐'(צָלַח)의 일미래사로서 '번성하리라' '성공하리라' 그리고 '창대하리라'는 뜻이 있다.

하나님의 뜻을 따라 사는 성도도 시작부터 끝까지 형통하는 삶이 아니라 처음의 삶은 미약하고 실패처럼 보일 수 있으나 마침내 번성하고 창대하게 될 것을 예견하신 말씀이다.

영국 국회의사당 앞에는 무성한 포도나무 한 그루가 자라고 있는데 언제나 그 나무는 잎이 푸르고 열매가 무성하고 맛이 특이하다고 한다.

식물학자들이 연구를 해 본 결과 그 나무의 뿌리가 의사당에서 수백 미터 떨어진 데임즈 강 근원에 닿아 있었다는 것이다. 아무리 가물고 메마른 시절에도 데임즈 강이 마를 수가 있겠는가! 이와 같이 구속받은 성도가 주님의 보혈의 강수에 깊이 믿음의 뿌리를 내리고 인생을 살아갈 때 시절을 좇아 과실을 맺을 뿐 아니라 아무리 어려운 시련과 무서운 환난이 닥친다 하더라도 그 잎사귀가 마르지 아니하며 성령의 보호하심 아래 그의 삶이 형통하게 될 것이다.

옛날 요셉은 어릴 때부터 이 원리를 잘 알고 실천한 신앙의 인물이었다. 아버지의 심부름으로 형들에게 음식을 가져갔다가 애굽 보디발의 집에 종으로 팔렸으며, 거기서도 여인의 끈질긴 유혹이 있었으나 그 무서운 시험을 뿌리치면서 하는 말은 너무나도 놀랍고 위대하였다.

"내가 어찌 이 큰 악을 행하여 하나님께 득죄하리이까."[20] 이 말은 그가 얼마나 하나님 앞에서 살려고 몸부림을 쳤는가를 증명하는 말인데 그 후에 그는 누명을 쓰고 감옥에 갇히는 신세가 되었다.

그러나 믿음의 사람 요셉은 감옥에서도 충성을 다하였고, 거기서도 인정을 받아 국무대신의 영광을 얻었던 것이다.

---

20) 창 39:9

세상 사람들이 볼 때 그는 완전히 망한 사람이요 계속해서 내려가고 또 내려가는 인생을 살았지만 하나님이 보실 때에 요셉은 계속적으로 올라가고 또 향상되는 인생이요 성공적인 삶을 산 것이다.

4절

לֹא־כֵן
הָרְשָׁעִים כִּי אִם־כַּמֹּץ אֲשֶׁר־תִּדְּפֶנּוּ רוּחַ

Exercise

1. 여기서 כִּי의 역할이 무엇인가?

2. רוּחַ를 정확히 발음해 보자.

3. 중요단어 및 연관된 문맥들을 찾아보자.

"악인(惡人)은 그렇지 않음이여 오직 바람에 나는 겨와 같도다."

"Not so the wicked! They are like chaff that the wind blows away."

"*οὐχ οὕτως οἱ ἀσεβεῖς ἀλλ᾽ ἢ ὡς χνοῦς ὃν ἐκριπτεῖ ὁ ἄνεμος.*"

부정어 '로'(לֹא)가 문장 서두에 나와서 강한 부정을 보이고 있으며, 특별히 ‘캔’(כֵּן)과 함께 나와서 대구법 강조형이 되면서 ‘악인은 결단코 의인과 같은 대우를 받을 수 없다’는 의미가 된다.

‘악인’(하레솨임 : הָרְשָׁעִים)에서 정관사 ‘ה’는 습관적으로 ‘악을 행하는 자’ 또는 ‘악을 꾀하는 자’를 의미한다.

70인경에는 ‘호이 아세베이스’(*oí ἀσεβεῖς*)로 번역되었는데 정관사 ‘*oí*’는 원래 하나님을 불신하는 악한 무리들을 지칭한다.

5절

עַל־כֵּן לֹא־יָקֻמוּ רְשָׁעִים בַּמִּשְׁפָּט
וְחַטָּאִים בַּעֲדַת צַדִּיקִים׃

Exercise

1. עַל־כֵּן이 합하여 어떤 의미를 주는가?

2. צַדִּיקִים을 parsing 하라.

3. 중요단어 및 연관된 문맥들을 찾아보자.

“그러므로 악인이 심판을 견디지 못하며 죄인이 의인의 회중에 들지 못하리로다.”

“Therefore the wicked will not stand in the judgment, nor sinners in the assembly of the righteous.”

“*Διὰ τοῦτο οὐκ ἀναστήσονται οἱ ἀσεβεῖς ἐν κρίσει, οὐδέ*

ἀμαρτωλοί ἐν βουλη δικαίων.”

‘심판’이라고 하는 ‘미스파트’(מִשְׁפָּט)는 성경 본문에서 ‘공의’와 함께 사용하였으며, 히브리인들은 하나님을 ‘사랑’보다는 ‘공의’로운 하나님으로 먼저 판단하였다.

‘죄인’이라고 하는 ‘하타임’(חַטָּאִים)은 복수로서 근본적으로 하나님의 뜻에 빗나간 자들을 의미하며, 특별히 하나님의 표준에서 볼 때는 근원부터 적대 관계에 있음을 의미한다.

이처럼 하나님의 공의의 판단 아래 있는 자들은 결코 의인이 누리는 영광 ‘엔 부레 디카이온’(*ἐν βουλῇ δικαίων*)에 참여할 수가 없음을 의미한다.

6절

כִּי־יוֹדֵעַ
יְהוָה דֶּרֶךְ צַדִּיקִים וְדֶרֶךְ רְשָׁעִים תֹּאבֵד

Exercise

1. יְהוָה를 정확히 발음해 보자.

2. רְשָׁעִים을 parsing 하라.

3. 중요단어 및 연관된 문맥들을 찾아보자.

“대저 의인의 길은 여호와께서 인정(認定)하시나 악인의 길은 망하리로다.”

“For the Lord watches over the way of the righteous, but the way of the wicked will perish.”

“ὅτι γινώσκει κύριος ὁδὸν δικαίων καὶ ὁδὸς ἀσεβῶν ἀπολεῖται.”

초두에 이유접속사 ‘키’(כִּי)는 시편 1편의 결론적 성격을 나타내는 바, 저자는 여기서 의인이 받을 축복과 악인이 받을 징벌과 멸망에 대하여 설명한다.

‘인정’이라고 하는 ‘요대아’(יוֹדֵעַ)는 ‘야대으’(יָדַע)의 칼 분사형으로서 깊이 아는 지식, 즉 체험적인 지식을 의미하며 여기서 말하는 의인은 그리스도를 통한 신령한 교제, 즉 주님과의 살 깊은 관계 속에 들어간 자를 말한다.

‘망하리로다’에서 ‘토베드’(תֹּאבֵד)는 ‘כִּי’ 접속사와 연결되면 망하게 하시는 자를 강조하는 바, 공의를 실현하시는 심판자는 반드시 악인을 멸망시키신다는 것을 의미한다.

여기서 의인 ‘차디킴’(צַדִּיקִים)은 ‘차다크’(צָדַק)의 복수 형용사로서 공의를 ‘온전히 행한 자들’ 또는 ‘충분히 행한 자들’을 의미하는데, 이것은 주님의 보혈로 씻김 받은 성도들을 말한다.

시편 23편

본문은 표제에 기록된 대로 다윗이 지은 시이다.

가끔 등장하는 '여호와의 집'이란 구절에서 '베이트 여호와'(בְּבֵית־יְהוָה)란 용어 때문에 일부 신학자들 중에는 다윗 후대에 기록되었을 것으로 추정한다.

그러나 '여호와의 집'이란 말은 여호수아 시대부터 사용했으며,[21] 다윗 시대에도 성막을 '여호와의 집'이라고 불렀다.[22]

대개의 보수계 신학자들(J. Calvin, C.F. Keil, F. Delitzsch 그리고 박윤선 박사)의 주석에는 압살롬이 다윗을 반역하여 정권을 탈환한 후 4절에서 다윗이 고백한 대로 사망의 음침한 골짜기로 유리방황하던 시기에 이 시(詩)가 기록되었을 것으로 보며, 히브리 역사가인 C. F. Keil, F. Delitzsch 교수는 다윗이 압살롬의 군대를 피하여 유대 광야 지방의 험곡에서 유리방황하던 시기였을 것으로 추정하였다.[23]

시편 23편 1절

יְהוָה רֹעִי לֹא אֶחְסָר

21) 수 6:24 참조.
22) 대상 16:39 참조.
23) C.F. Keil & Delitzsch, Commentary on the Old Testament Vol. V (Grand Rapids: Eerdmans Pub Company, 1973), pp. 328-330.

Exercise

1. רֹעִי와 헬라어 *ποιμαίνει με*를 검토 비교해 보자.

2. אֶחְסָר을 parsing 해 보라.

3. 중요단어 및 연관된 문맥들을 찾아보자.

"여호와는 나의 목자시니 내가 부족함이 없으리로다."

"The Lord is my shepherd, I shall not be in want."

"*κύριος ποιμαίνει με καὶ οὐδέν με ὑστερήσει.*"

'여호와'(יְהוָה)는 본래 하나님을 지칭하는 고유명사인데 '있다' 또는 '존재하다'라고 하는 동사인 '하야'(הָיָה)에서 파생되었다.

고전 히브리어에는 모음부호가 없었으나 맛소라 학자들이 '주'라는 의미로 사용한 '아도나이'(אדני)의 모음을 첨가시켰으며, 그들이 공식 예배 시에는 '여호와' 대신에 '아도나이'란 명칭을 사용하였는데, 이는 여호와는 크고 두려움의 상징으로 여겨 왔기 때문이라 한다.

'로이'(רֹעִי)는 '인도하다' 또는 '먹이다'라고 하는 동사 '라아'(רָעָה)에서 파생되어 칼 분사형이 되었으며, 1인칭 단수 접미어가 첨가된 것이다.

본문에서 '로'(לֹא) 부정사가 문장 앞에 나와서 강조성을 띠게 되어 '부족함이 전혀 없다'는 의미가 된다.

이 죄악 세상에는 사실상 부족하고 모자라는 부분이 너무나도 많은 세상이다. 과학의 첨단을 누리고 있는 현대인들의 마음은 더 많은 허갈과 공포 속에서 갈증을 느끼지만, 그러나 여호와를 목자로 삼고 인생을 살아가는 다윗에게서는 전혀 부족함이나 갈증을 찾을 수 없다.

칼빈(J. Calvin)은 본문을 주석하면서 "여호와를 목자로 삼고 의지하는 자는 이 세상에서도 풍성한 부요를 누린다. 인생에게 있어서 그 목자 밖에서는 진정한 만족을 찾을 수 없다"[24]라고 하였으며, 구약학의 권위자 카일과 델리취(C. Keil and F. Delitzsch) 역시 "천지 만물의 소유주를 목자로 삼는 백성은 어떠한 환경에서도 풍요함이 넘친다"[25]라고 주석하였다.

2절

בִּנְאוֹת דֶּשֶׁא יַרְבִּיצֵנִי עַל־מֵי מְנֻחוֹת יְנַהֲלֵנִי

---

24) John Calvin, Commentary on Psalms (Grand Rapids: Eerdmans Publishing Company, 1963), pp. 391-392.

25) C. Keil & F. Delitzsch, op. cit., pp. 329-330.

Exercise

1. דֶּשֶׁא와 בִּנְאוֹת의 신령한 의미를 찾아보라.

2. יְנַהֲלֵנִי를 parsing 하라.

3. 중요단어 및 연관된 문맥들을 찾아보자.

"그가 나를 푸른 초장에 누이시며 쉴 만한 물가으로 인도하시는도다."

"He makes me lie down in green pastures, he leads me beside quiet waters."

"*εἰς τόπον χλόης ἐκεῖ με κατεσκήνωσεν ἐπὶ ὕδατος ἀναπαύσεως ἐξέθρεψέν.*"

본문에서 '쉴 만한 물'(알매 맨호트 : עַל־מֵי מְנֻחוֹת)은 유유히 흐르는 평온한 강을 의미하는데, 이러한 물은 양들이 마시기에 적합하고 또 건강에도 유익한 물이라고 칼빈은 주석하였다.[26]

'누이시며'(알비츠니 : יַרְבִּיצֵנִי)는 유대인들의 가장 편한 자세를 말할 때 쓰는 용어이다. 이처럼 하나님을 절대 의존하며 따르는 성도는 영육 간에 풍성한 복을 받는다.

26) John Calvin, op. cit., pp. 392-394.

3절

נַפְשִׁי יְשׁוֹבֵב יַנְחֵנִי בְמַעְגְּלֵי־צֶדֶק
לְמַעַן שְׁמוֹ

Exercise

1. בְמַעְגְּלֵי를 정확히 해석해 보자.

2. יַנְחֵנִי를 parsing 하라.

3. 중요단어 및 연관된 문맥들을 찾아보자.

"내 영혼을 소생시키시고 자기 이름을 위하여 의의 길로 인도하시는도다."

"he restores my soul, he guides me in paths of righteousness for his name's sake."

"*τὴν ψυχήν μου ἐπέστρεψεν ὡδήγησέν με ἐπὶ τρίβους δικαιοσύνης ἕνεκεν τοῦ ὀνόματος αὐτοῦ.*"

'소생시키다'(이쇼베브 : יְשׁוֹבֵב)는 '새롭게 하다'(refresh) 또는 '회개하다'(repent)의 뜻이 있으며, 이 동사는 특히 자동사와 타동사로 함께 쓰인다.

히브리어에는 두 가지(자동사와 타동사)를 겸하여 사용하는 단어가 극히 제한되어 있는데, 여기서 이 단어를 사용한 것은 보다 깊은 의미가 있다고 본다.

우리의 영혼 '네페쉬'(נַפְשִׁי)를 소생시키는 것은, 물론 하나님께서 독생자의 피로 구속해 주셔서 이미 새롭게 되었다고 성경은 말씀하고 있다.[27)]

그런데 축복받은 그 영혼이 지금 어디에 머물고 있는가.

"네 하나님 여호와께서 이 사십 년 동안에 너로 광야의 길을 걷게 하신 것을 기억하라"[28)]고 성경은 가르친다.

그러므로 새롭게 된 그 영혼이 죄악 세상에서 쇠잔할 수가 있고 죄로 말미암아 얼룩질 수도 있는 것이다. 그래서 성령께서는 거룩한 삶을 통하여 자신의 영혼의 소생을 위해 힘써야 할 것을 권면하셨는데, 이것이 바로 자동사가 할 책임이며 타동사는 하나님께서 이미 십자가에서 성취하신 사건을 의미한다.

'의의 길'(베마이개래 채대크 : בְמַעְגְּלֵי צֶדֶק)에서, 전치사 'ב'는 남성 명사가 된 '마아갈리'(מַעְגְּלֵי)와 결합하여 복수의 역할을 하여 강조성을 띠게 되는 바, 하나님께서 그리스도로 말미암아 닦아 놓으신 '의의 길'은 이처럼 넓고도 평탄한 영생의 길이 되는 것이다.

4절

גַּם כִּֽי־אֵלֵךְ בְּגֵיא צַלְמָוֶת
לֹא־אִירָא רָע כִּי־אַתָּה עִמָּדִי
שִׁבְטְךָ וּמִשְׁעַנְתֶּךָ הֵמָּה יְנַחֲמֻנִי

27) 엡 2:1 참조.
28) 신 8:2

Exercise

1. אֵלֵךְ와 גַּם이 함께 왔을 때 어떤 결과가 되는가?

2. לֹא־אִירָא의 정확한 뜻을 말해 보자.

3. 중요단어 및 연관된 문맥들을 찾아보라.

"내가 사망의 음침한 골짜기로 다닐지라도 해를 두려워하지 않을 것은 주께서 나와 함께하심이라 주의 지팡이와 막대기가 나를 안위하시나이다."

"Even though I walk through the valley of the shadow of death, I will fear no evil, for you are with me; your rod and your staff, they comfort me."

"ἐὰν γὰρ καὶ πορευθῶ ἐν μέσῳ σκιᾶς θανάτου οὐ φοβηθήσομαι κακά ὅτι σὺ μετ᾽ ἐμοῦ εἶ ἡ ῥάβδος σου καὶ ἡ βακτηρία σου αὐταί με παρεκάλεσαν."

본문에서는 다윗 자신이 당시에 처한 상황과 그의 심경을 솔직히 고백하고 있으니, 그것은 '사망의 음침한 골짜기로'(베개 찰마웨트 : בְּגֵיא צַלְמָוֶת)에서 충분히 짐작할 수 있다.

'찰마웨트'(צַלְמָוֶת)란 단어는 원래 '그림자' 또는 '어두움'이라고 하는 '찰랄'(צלל) 동사와 죽음이라고 하는 '마웨트'(מות)가 결합된 복합

체인데, 여기서 해골의 골짜기를 통과하는 듯한 다윗의 심경을 읽어 보게 된다.

이와 같이 성도는 상황이 잘 풀리고 여건이 좋을 때에만 하나님이 함께하시고 축복하시는 것이 아니라, 형용할 수 없는 절박한 상황과 시험 중에서도 주님이 함께하시고 임마누엘 되심을 교훈한다.

본문에서 '키아타 이마디'(כִּי־אַתָּה עִמָּדִי) 앞에 'כִּי'는 이유 접속사로서 그 무서운 시련기간 중에도 하나님께 감사하고 여호와를 찬송하는 이유를 보여 준다.

'키'(כִּי) 접속사는 또한 '안위하신다'라고 하는 '이나함니'(יְנַחֲמֻנִי)와 연결되어, '인도하심으로' 또는 '돌보아 주심으로'의 뜻이 된다. '사망의 음침한 골짜기를 걸어가도 주께서 나와 함께하시는 임마누엘의 체험을 통하여 믿음이 흔들리지 않고 하나님을 절대 신뢰할 수 있었으며, 그 결과 장차 임금으로 등극하는 영광을 보게 되며(5절), 나아가 장차 여호와의 집(천국)에서의 영원한 영광을 고백하게 된다.

'우미쇄안'(וּמִשְׁעַנְ)은 '버팀목'으로서 사나운 맹수로부터 보호하며 지킬 때 이 막대기를 사용한다고 한다. 밧세바 사건을 통하여 하나님의 징계의 막대기로 생각하는 다윗의 뜨거운 회개를 엿볼 수 있다.

5절

תַּעֲרֹךְ לְפָנַי שֻׁלְחָן נֶגֶד צֹרְרָי.
דִּשַּׁנְתָּ בַשֶּׁמֶן רֹאשִׁי כּוֹסִי רְוָיָה

Exercise

1. שֻׁלְחָן은 어떤 상을 의미하는가?

2. תַּעֲרֹךְ를 parsing 하라.

3. 연관된 문맥을 찾아보자.

"주께서 내 원수의 목전에서 내게 상을 베푸시고 기름으로 내 머리에 바르셨으니 내 잔이 넘치나이다."

"You prepare a table before me in the presence of my enemies. you anoint my head with oil; my cup overflows."

"*ἡτοίμασας ἐνώπιόν μου τράπεζαν ἐξ ἐναντίας τῶν θλιβόντων με ἐλίπανας ἐν ἐλαίῳ τὴν κεφαλήν μου καὶ τὸ ποτήριόν σου μεθύσκον ὡς κράτιστον.*"

여기서 '넘치나이다'(레와야 : רְוָיָה)는 현재 진행형으로서 다윗의 현재의 심령상태를 솔직히 고백하는 신앙 간증이다.

사망의 음침한 골짜기 가운데 비록 피신해 있는 몸이요 한 치

앞을 내다볼 수 없는 절박한 상황이지만 주님의 임재를 체험하고 있는 그 심령에는 계속해서 성령의 위로가 넘치고 있다.

70인역본에서는 '호스 크라티스톤'(ώς κράτιστον)으로 번역하여 본문 끝 부분에 첨가시켰는데 '가장 고상하다' 또는 '풍성하다'는 뜻으로 해석된다.[29)]

6절

אַךְ טוֹב וָחֶסֶד יִרְדְּפוּנִי
כָּל־יְמֵי חַיָּי וְשַׁבְתִּי בְּבֵית־יְהוָה לְאֹרֶךְ יָמִים

Exercise

1. חֶסֶד와 טוֹב를 비교해서 설명하라.

2. יִרְדְּפוּנִי를 parsing 하라.

3. 중요단어 및 연관된 문맥들을 찾아보자.

"나의 평생에 선하심과 인자하심이 정녕 나를 따르리니 내가 여호와의 집에 영원히 거하리로다."

"Surely goodness and love will follow me all the days of my life, and I will dwell in the house of the Lord forever."

---

29) Septuagint, 시 23:5 참조.

"καὶ τὸ ἔλεός σου καταδιώξεταί με πάσας τὰς ἡμέρας τῆς ζωῆς μου καὶ τὸ κατοικεῖν με ἐν οἴκῳ κυρίου εἰς μακρότητα ἡμερῶν."

'콜 예매'(כָּל־יְמֵי)에서 '예매'(ימי)는 '생애' 또는 '날'을 의미하는 '욤'(יום)의 복수형이며, 이것이 '하예이'(חַיָּי)와 연결되어 '전체의 삶' 또는 '지금부터 영원히'라는 의미가 되며, 거기에 '레오레크 야밈(לְאֹרֶךְ יָמִים)이 첨가되면 영원 무궁토록이라는 강조성으로 해석할 수 있다.

그러므로 여기서 '영원히 거하리로다'라고 고백한 것은 이 땅의 삶을 포함한 영원한 생애 전반을 뜻하며, '아크'(אַךְ)가 앞부분에 나와서 문장 전체를 강조하면서 '오직'(only) 또는 '확실히'(surely)란 의미가 된다.

'거하리로다'고 하는 '웨사베티'(וְשַׁבְתִּי)는 미래사로서 '쉬리라' 또는 '머물리라'는 등의 의미가 있으며, '여호와의 집'이라고 하는 '베베이트 야웨'(בְּבֵית־יְהוָה)라는 단어는 '여호와의 집안에'란 강조성을 띠게 되며 가정(home)을 의미한다.

이 집은 아직 예루살렘 성전이 지어지기 전이므로 실상은 장막 안에 있는 하나님의 집을 뜻하고, 인간이 보기에는 초라하고 보잘 것없는 집일 수 있다. 그러나 다윗은 그 장막이 장차 나타날 천국 가정의 상징임을 확신하였으므로, 호화로운 자신의 궁전에 머무는 것보다 비록 초라하게 보이지만 그곳에 하나님이 계시고 그리스도의 은혜와 사랑이 넘치는 곳이기에 그 집은 참으로 존귀한 집이요 영원히 거하게 될 처소임을 신령한 눈으로 보았던 것이다.

그 여호와의 집은 앞서 가신 우리의 부모 형제와 자녀들이 있고 또한 믿음의 선진들이 기다리고 계시는 아버지의 집이다!

그곳을 사모하며 신령한 눈을 열어 보았기에 그 무서운 시험과 역경 중에서도 그는 하나님께 감사할 수가 있었고, 진정한 행복의 고백을 통하여 하나님께 영광을 돌릴 수가 있었다.

유명한 "Home Sweet Home"의 주인공 페인(Howard Payne)은 30대 후반까지 결혼도 하지 않고 시(詩)를 쓰면서 세계를 돌아다닌 풍운아였다.

하루는 자신의 집 베란다에서 쉬고 있는데 저 멀리 쇼핑몰(shopping mall)에서 두 남매가 아버지와 엄마의 손을 잡고 깡충깡충 뛰면서 흥겹게 노래하며 가는 모습을 보면서 갑자기 시상이 떠올랐다는 것이다.

내가 그토록 갈구하며 찾던 '행복'이 바로 여기 있었구나!

그는 펜을 들고 "홈 스위트 홈"을 쓰기 시작한다.

즐거운 곳에서는 날 오라 하여도
내 쉴 곳은 작은 내 집뿐이리
내 나라 내 기쁨 길이 쉴 곳도
꽃 피고 새 우는 집 내 집뿐이리
오 사랑 나의 집

정다운 나의 벗 내 집뿐이리.

남북전쟁이 종반에 이르러 치열하던 1864년 12월 4일, 추운 겨울바람이 매섭게 불어오는 밤 델라웨어 강을 사이에 두고 북군은 계속 밀리고 있었으며 한 치 앞도 내다볼 수 없는 긴장된 순간, 진눈깨비는 계속 쌓이고 전장의 상처와 적막이 짙어가는 밤이었다.

밤 2시가 지나고 3시가 될 무렵 갑자기 북군의 진지에서 한 병사가 "Home Sweet Home"을 조용하면서도 가냘프게 부른다.

--- ---- --- --- ------------

---- -- --- --- ------------

그런데 이상한 일이 일어나고 있었다. 남군 진지에서 갑자기 2절을 따라서 불렀고 3절은 남·북군이 함께 합창을 하였다.

이 사실이 상부에 보고가 되고 한 달간 휴전과 함께 결국 이것이 남북전쟁 종식에 동인이 되었다는 것이다.

페인(Mr. Payne)은 아프리카 지방을 순회하며 계속 시를 쓰다가 그곳에서 생을 마감하였다. 그의 시체를 운구해 와서 장사지내기 전날, 미국 국회 상하원에서는 만장일치로 그의 장례일을 공휴일로 정하고 뉴욕 롱아일랜드에서 장례 예식을 거행하였는데, 해군 군악대의 "Home Sweet Home"이 연주되는 가운데 엄숙히 장례식이 진행되었다고 한다.

우리 인생의 진정한 만족과 행복! 그것은 부모의 사랑과 보살핌이 있고 형제애가 있고 그리고 너그러운 용서가 있는 '가정'이요

‘정다운 나의 벗 내 집’이 아니겠는가.

오늘 본문이 강조하는 것은 미래에 나타날 ‘여호와의 집’에 모든 초점을 맞추고 있는데, 이 세상은 죄가 있고 미움이 있고 사망의 음침한 골짜기가 있는 곳이기 때문이라는 것이다.

“내가 여호와의 집에 영원히 거하리로다.”

장차 우리에게 나타날 그 영원한 집에서 우리는 하나님 아버지의 사랑을 받으며, 그토록 보고 싶던 예수님을 모시고 온 가족이 함께 영원무궁한 영광을 누리며 살게 될 것이다.

“현재의 고난은 장차 우리에게 나타날 영광과 족히 비교할 수 없도다”(롬 8:18). Amen.

맺는말

서론 부분에서 간략히 언급한 바와 같이 칼빈주의는 칼빈의 사상이나 원리를 그대로 답습하고 따라가는 것이 아니라 칼빈이 누구보다 성경을 바로 이해하였고, 성경의 원리와 방법대로 보다 정확하게 해석하였기에 그 원리를 따르고자 하는 것이다.

특별히 그는 원어(Hebrew, Greek, Aramaic) 지식이 해박하였기에 그 지식을 배경한 칼빈의 신학원리는 하나님의 주권신학과 삼위일체 하나님의 영광에 이르는 차원 높은 신학이론을 확립할 수 있었던 것이다.

그러므로 칼빈의 성경 해석 원리는 항상 성경이 시작하는 곳에서 출발하며 성경이 진행하는 방향을 따라 진행하며 성경이 침묵하는 곳에서 멈추자고 하는 것이다. 이 원리를 답습한 램(Bernard

Ramm) 박사는 성경이 성경을 해석하게 하자(Scripture interpretes scripture)고 하는 대전제를 내놓았다.

21세기를 맞이하여 사단의 세력들은 특별히 자유주의자들을 이용하여 성경의 영감사상에 대한 강한 적개심을 불러일으키고 있으며 진리를 비진리화하는 데 혈안이 되어 있다.

이러한 위험한 시대에 성경의 바른 해석관을 가지고 저들의 위험한 이성주의적 성경관을 무너뜨려야 할 것이며, 오늘날 젊은 사회를 좀먹고 있는 실용주의(Pragmatism)가 교회와 가정을 심각한 도탄에 빠뜨리고 있는 이때에, 우리의 자녀들과 성도들이 바른 성경 지식을 가지고 하나님을 섬기고 경배할 수 있도록 하기 위하여 차원 높은 성경연구와 묵상에 최선을 다하여야 하겠다.

성경해석자는 무엇보다 모든 성경이 하나님의 영감으로 기록되었다는 확신과 신념을 가지고 하나님과 사람 앞에 부끄러울 것이 없는 일꾼으로 인정받고자 하는 사명감이 있어야 하겠다.

일찍이 하나님께서 이사야 선지를 통하여 주신 말씀대로 “여호와의 입이 이를 명하셨고 그의 신이 이것들을 모으셨다”[30]고 하는 말씀은 하나님의 말씀이 인간의 지혜로 아니하고 오직 하나님의 방법과 성령의 감동(영감)으로 되어진 지혜의 책임을 잘 반영해주는 말씀이라 하겠다.

그러므로 성경을 해석할 때 우리에게는 이사야의 심정으로 먼

30) 사 34:16

저 하나님의 지혜를 구하는 자세와, 기록된 말씀들을 자세히 관찰하고 또한 심도(深度) 있게 연구하는 일이 절실히 요구되는 것이다.

예수님께서는 "너희가 내 안에 거하고 내 말이 너희 안에 거하면 무엇이든지 원하는 대로 구하라 그리하면 이루리라"[31]고 하셨는데, 이제까지는 우리가 말씀 없이 구하고 그 진리의 말씀을 내 마음에 깊이 새기지 않았기에 구하여도 응답이 없고 열매가 없었던 것이 아니겠는가.

영구불변한 진리요 영감된 하나님의 말씀이 우리의 심령 내부에서 역사하고 그 말씀 안에서 살아갈 때 하나님은 영광을 받으시고, 우리에게는 풍성한 열매가 맺혀지게 될 것이다.

아무쪼록 우리의 교회와 자녀들이 자유주의 사상에 근거한 그릇된 가르침에 현혹되지 않도록 지도자들이 먼저 진리의 말씀으로 무장되어야 하겠으며, 나아가 성경의 올바른 해석과 가르침을 위한 부단한 노력과 지속적인 기도는 우리 모두의 과제요 사명임을 깊이 명심(銘心)하여야 하겠다.

"네가 진리의 말씀을 옳게 분변하며 부끄러울 것이 없는 일꾼으로 인정된 자로 자신을 하나님 앞에 드리기를 힘쓰라."[32]

31) 요 15:7
32) 딤후 2:15

*"σπούδασον σεαυτὸν δόκιμον παραστῆσαι τῷ θεῷ,
ἐργάτην ἀνεπαίσχυντον, ὀρθοτομοῦντα τὸν λόγον
τῆς ἀληθείας."
ἀμήν.*

참고문헌

원 서

Berkhof, Louis. *Principles of Biblical Interpretation* (Grand Rapids: Baker Book House, 1990), p. 40.

_______, *History of Christian Doctrine* (Grand Rapids: Eerdmans, 1976), pp. 136-137.

_______, *Manual of Christian Doctrine* (Grand Rapids: Eerdmans Press, 1973), pp. 43-44.

Bultmann, Rudolf. *The presence of eternity "Gifford Lectures"* (NY: Harper & Brothers, 1957), p. 113.

Calvin, John. *Institutes of the Christian Religion* (Philadelphia: The Westminster Press, 1967), pp. 6-189, 278-854.

_______, Translated by T.H. Parker, *John Calvin's Commentaries*, (Grand Rapids: Eerdmans Publishing, 1958), p. 7.

_______, *Commentary on The Prophet Isaiah* (Grand Rapids: WM. Eerdmans Publishing Company), pp. 159-162.

_______, *Commentaries on Minor Prophets* vol ii, pp. 112 -117. and *Psalms Vol I*, pp. 1-2. 391-392.

Connolly, John. *"Noted from Lecture by R. C. Sproul", Fall Semester*, Reformed Theological Seminary, 1982.

Cromminga, Carl. *"Man before God's face in Calvin's Preaching" Noted from lecture by Prof.* Kooistra, fall semester, 1982. Reformed Theological Seminary.

Delitzsch, F & C.F. Keil. *Commentary on the Old Testament Vol. V* (Grand Rapids: Eerdmans Pub Company, 1973), pp. 328- 330.

Dunn, James. *The Living Word* (Philadelphia: Fortress Press, 1987), pp. 89-95.

Grosheide, F.W. *Het Heilige Evangelie Volgens Johannes*, Kom- mentaar Volume I, p. 70.

Harper & Row. *Analytical Greek Lexicon* (New York: Harper and Row Pub), p. 42.

Kempis, Thomas A. edited Donal Demaracy, *The Imitation of Christ* (Grand Rapids: Baker Book House, 1982), pp. 40-41.

Schaff, Philip. *Creeds of Christendom* (Grand Rapids: Baker Book House, 1977), pp. 540-548.

Septuagint, Version of the Old Testament (London: Zondervan Edition, 1970).

Vantil, Cornelius. *A Survey of Christian Epistemology 11* (Philadelphia: Westminster Press, 1998), pp. 20-21.

Vos, Geerhardus. *Biblical Theology* (Grand Rapids: Eerdmans Publi- shing Com., 1948), p. 24.

Walker, Williston. *A History of the Christian Church* (New York: Charles Scribners Sons, 1919), pp. 452-454.

Warfield, Benjamin. *The Inspiration and Authority of the Bible* (NJ: Presbyterian and Reformed, 1948), pp. 155-156.

_______, *The Inspiration and Authority of the Bible* (Philadelphia: The Presbyterian and Reformed Press, 1948), p. 134.

_______, *The Inspiration and Authority of the Bible* (NJ: Presbyterian and Reformed, 1948), pp. 154-159.

번역서적

A. Berkeley Mickelsen(김인환 역), 성경해석학 *Interpreting the Bible* (서울: 크리스챤 다이제스트, 1996), pp. 127-131.

Bernard Ramm(권혁봉 역), 개혁주의 성경 해석 *Protestant Biblical Interpretation* (서울: 생명의 말씀사, 1974), p. 19. p. 135.

Cornelius Vantil(이승구 역), 개혁주의 신학서론 *An Introduction to Systematic Theology* (서울: 기독교문서선교회, 1999), p. 232. pp. 180-189.

David N. Steele(김재권 역), 칼빈주의 5대 교리 *The Five Points of Calvinism* (서울: 생명의 말씀사, 1982), pp. 15-19. p. 20.

Gordon D. Fee(오광만 역), 성경해석 입문 *The Guide to Understanding the Bible* (서울: 한국성서유니온, 1993), p. 19.

________, 성경을 어떻게 읽을 것인가 *How to read the Bible* (서울: 성서유니온, 1993), p. 10.

Harvie M. Conn(권성수 감수), 성경의 무오 *Inerrancy and Hermeneutic* (서울: 엠마오 출판사, 1991), p. 48.

Henry Meeter(박윤선 역), 칼빈주의 *The Basic Ideas of Calvinism* (서울: 성광문화사, 1983), pp. 25-26. p. 74.

________, 영적 지도자 *Spiritual Leadership* (서울: 도서출판 두란노, 2003), p. 246.

J. Edwin Hartill(이주영 역), 해석학의 원리 *Principles of Biblical Hermeneutics* (서울: 성광문화사, 1986), p. 13.

John Calvin (신복윤 감수), 칼빈 성경주석 *Calvin's Commentaries*

(서울: 성서교재 간행사, 1992), p. 478.
Robertson Mcquilkin(송용조 역), 성경의 이해와 적용 *Understanding and Applying the Bible* (서울: 성경학교 출판부), p. 24.

국내서적

김의환, 강해설교와 신앙수상 (서울: 총신대학교 출판부, 2001), p. 449.
김성환, 칼빈주의 해설 (Noted from Lecture of Fall Semester Class, 1973).
박윤선, 시편 성경주석(서울: 영음사, 1976), p. 43.
_____, 성경신학 (서울: 영음사, 1974), p. 11.
박형용, 성경 해석의 원리 (서울: 합동신학 출판부, 2005), p. 111.
신복윤, 신학지남 '80 여름호 (서울: 신학지남사, 1980), pp. 106-110.
_____, 기독교강요 Vol. 1 (서울: 생명의 말씀사, 1988), pp. 30-34.
안재도, 개혁주의 영성과 삶 (서울: 쿰란출판사, 2006), p. 54.
이종성, 칼빈 (서울: 대한기독교출판사, 1992), p. 52.
정성구, 하나님께 더 가까이 (서울: 총신대학 출판부, 1988), p. 9.

_____, 개혁주의 인명사전 (서울: 총신대학 출판부, 2001), pp. 588-589.

_____, 개혁주의 사상 강연집 (서울: 총신대학 출판부, 1982), p. 14.

한영제, 기독교 대백과사전 (서울: 기독교문사, 1990), pp. 1266-1267.

성경해석학

2008년 2월 15일 인쇄
2008년 2월 20일 발행

지은이 | 윤성태
발행인 | 이형규
발행처 | 쿰란출판사

주소 | 서울 종로구 이화동 184-3
TEL | 02-745-1007, 745-1301, 747-1212, 743-1300
영업부 | 02-747-1004, FAX | 02-745-8490
본사평생전화번호 | 0502-756-1004
홈페이지 | http://www.qumran.co.kr
E-mail | qumran@hitel.net
qumran@paran.com
한글인터넷주소 | 쿰란, 쿰란출판사

등록 | 제1-670호(1988.2.27)

책임교열 | 박은아

값 10,000원

ISBN 978-89-5922-505-7 93230

미주총판 | 할렐루야 백화점(718-762-0011,Toll Free 800-404-1171)